L'ÉPOQUE SANS NOM.

J'ai voulu suivre l'exemple de Diogène qui, à la venue de Philippe, voyant les Corinthiens employés, les uns à réparer leurs brèches, les autres à nettoyer leurs armes, pour ne pas rester seul oisif au milieu de gens si affairés, s'amusait à rouler son tonneau par la ville.

LUCIEN.

IMPRIMERIE DE DUCESSOIS,
Quai des Augustins, n° 55.

L'ÉPOQUE
SANS NOM

ESQUISSES
DE PARIS

1830-1833;

PAR M. A. BAZIN.

II.

PARIS,

ALEXANDRE MESNIER,

23, RUE LOUIS-LE-GRAND.

1833.

LA PÉRIPÉTIE.

CHAPITRE XIII.

Maintenant que le lecteur doit être un peu habitué à mes façons d'agir, il a compris, je l'espère, que je ne suis pas venu m'établir devant lui avec un dessein prémédité de l'endoctriner, de lui imposer un système; que je ne fais nullement profession de développer et de conclure, ce qui est, par un temps comme le nôtre, le plus triste des métiers. Je vais comme nous allons tous, en politique, en littérature, en morale, en religion, sans idées bien fixes, sans but surtout, suivant le cours des événemens, ne regardant qu'à courte distance, et ne songeant guères qu'à nous amuser sur le chemin. Si, de tout ce que nous avons vu ensemble et de ce que nous devons encore parcourir, il sort quelque enseignement à gagner, quelque prévention à perdre, quelque résultat à prévoir, ceci est la part du lecteur, que je suppose toujours intelligent. Quant à ceux qui ont besoin qu'on leur fournisse, en toutes choses, ce qu'ils doivent penser, croire, attendre, je ne voudrais pas aller sur les brisées de leur journal.

Nous poursuivrons ainsi nos recherches, si vous le voulez bien. Mais de même que nous avons pris date en commençant, d'un grand événement politique, il faut que nous fassions une pause en route, pour enregistrer un autre événement qui est venu nouer plus fortement l'intrigue du drame actuel et en compliquer les embarras. Chacun sait ce qu'on appelait, dans la tragédie d'Aristote, une péripétie; j'ignore comment cela se nomme dans la tragédie de la Porte-Saint-Martin. Toujours est-il que toute pièce, bien ou mal conduite, présente quelqu'un de ces accidens qui « changent la situation des » principaux personnages, » et divisent l'action en deux parties, soit qu'ils préparent ou qu'ils retardent le dénouement. Et déjà nous avons passé par là.

C'était au mois de juin 1832, lorsqu'à peine nous entrions en convalescence d'une terrible épidémie qui devait avoir sa rechute. L'émeute était depuis long-temps assoupie; on la croyait morte, jetée pêle-mêle avec ces monceaux de cadavres qui avaient encombré nos cimetières. Elle reparut tout à coup, en pleureuses, à la suite d'un convoi. Jamais elle n'avait rassemblé tant de têtes; jamais elle n'avait si fort élevé la voix. Jamais cette fille vagabonde et conspuée de l'insurrection victorieuse n'avait mieux imité les gestes, l'allure et le ton de sa mère. A la voir se rouler en masses épaisses et désordonnées, ou bien défiler fièrement avec l'habit militaire; ou bien, encore, montrer ses triples lignes de jeunes gens distribués en pelotons sous des enseignes diverses, car elle avait pris toutes ces formes, vous l'auriez crue, cette fois, maîtresse encore du pavé. Et, il faut le dire, elle trouva de la sympathie sur son passage, tant qu'elle ne fit que vociférer, exhaler ses regrets en menaces, sa douleur en accusations. Si elle s'en était tenue là, protégée comme elle l'était par une cérémonie funèbre, à couvert sous un drap mortuaire, elle aurait eu, certainement, les honneurs de la journée; elle aurait bien pu obtenir, par l'effroi qu'elle répandait, un changement de ministère; et ce n'est pas un succès à dédaigner, pour ceux qui attendent.

Mais elle fit plus, l'imprudente! elle voulut combattre. Emportée par son courage, elle crut qu'ayant semé des paroles offensantes, injurieuses, de ces outrages qui appellent la vengeance, il était de son honneur de les soutenir, comme font les gens de cœur, l'épée au poing. C'était donc un duel qu'elle proposait au gouvernement, et celui-ci l'avait accepté. S'il avait l'avantage de la force musculaire et des armes, s'il pouvait opposer trente mille soldats en bon équipage, infanterie, cavalerie, artillerie, tous assez mal disposés pour l'émeute qui les avait fait tant de fois consigner à leur caserne, qui les avait si souvent fatigués à courir sur ses traces; si, de plus, il pouvait espérer qu'une suffisante quantité de bourgeois en uniforme, alarmés pour leurs intérêts matériels, et aguerris par de fréquens rappels, viendrait autoriser de sa présence l'ardeur belliqueuse des troupes; s'il avait toute cette force à déployer contre une poignée de braves insensés, et s'il en usait, on ne doit pas le blâmer. Les querelles politiques ne sauraient se vider avec cette courtoisie qui préside aux combats singuliers, partageant le terrain, appareillant les dagues, et mesurant les coups. Les gouvernemens se défendent comme on les attaque, à outrance et sans merci. Tant-pis pour qui n'a pas la pointe assez longue et le harnais garni de toutes ses pièces.

Donc le convoi finit par un combat, et le combat par la victoire de l'ordre établi. Il y eut des victimes, trop de victimes; les unes obscurément ensevelies, les autres honorées de larmes officielles ; toutes dignes de pitié, parce-que véritablement il n'y avait pas là une de ces questions sociales, nettement dessinées, qui rangent en ennemis, les uns devant les autres, avec une haine ardente et sanguinaire, les partisans de deux systèmes devenus irréconciliables. Surtout il faut plaindre ces honorables citoyens de toutes les classes et de tous les métiers, dont on peut rire sans doute aux occasions vulgaires de la parade, de la revue, du service d'honneur, des corvées et de l'exercice à feu, mais qui deviennent respectables et presque sublimes lorsqu'on les voit, pères de famille, industriels, ou rentiers, sur la seule convocation du tambour, sans trop savoir de quoi il s'agit, eux essentiellement délibérans et raisonneurs, s'exposer les premiers aux périls, et former l'avant-garde des bataillons réguliers.

Le combat avait duré tout un soir, toute une nuit, toute une matinée, assez pour fournir à la population entière le temps d'y prendre part, si les assaillans avaient eu, dans les masses, quelque intelligence habilement préparée ; dans les sommités, quelques noms résolus à se compromettre et à courir les chances de la lutte; sur leur étendard, un de ces principes qui attirent la faveur publique et déconcertent l'action du pouvoir. Rien de cela ne s'était trouvé. On avait vu une attaque incertaine et sans ralliement, puis une résistance désespérée. Contre cette faible agression, une défense organisée à l'avance, le docile concours de la milice bourgeoise; entre ces deux forces inégales, la multitude froide, immobile, spectatrice curieuse, et battant des mains aux vainqueurs.

Maintenant il fallait exploiter la victoire. On avait pour cela les rapports officiels, les proclamations, les revues, les distributions de récompenses; toutes choses où maintenant on pouvait sans danger exagérer le nombre des ennemis, leur prêter d'horribles projets, leur imputer des actions atroces, mêler dans leurs rangs deux bannières de couleur différente, placer, dans l'avant-scène du drame sanglant qui venait de se jouer, de vastes complots. C'était moyen de bonne guerre; car enfin il n'y a pas que les partis qui aient le droit d'ajouter un peu à la vérité pour leur profit. Et en échange de ces paroles officielles, on était sûr de recevoir des adresses.

Mais le pouvoir voulut davantage. Vous pensez bien qu'il n'était pas médiocrement gêné de son origine. Sorti des barricades, né de l'insurrection populaire contre la force armée, il lui pesait sans doute d'avoir sans cesse à respecter, comme un souvenir d'où il tirait ce qu'il était, l'ombre même des barricades et le fantôme de l'insurrection populaire. C'était mener une triste vie de gouvernement, que d'entendre dire à chacun de ses actes, à chacune de ses velléités : « L'émeute proteste, l'attroupement blâme, le pavé refuse; » ou, pour parler comme on parlait : » Le peuple ne veut pas. » La journée du 6 juin l'avait délivré de ce joug. Les baïonnettes, disciplinées, obéissantes, avaient reconquis la rue; non pas comme des patrouilles qui se font place, ainsi que cela s'était vu plusieurs fois, mais après forme de bataille, long développement de troupes, fusillade, mitraillade, canonnade et galopade. La barrière qui séparait ce pouvoir des gouvernemens par la grace de Dieu, des gouvernemens par la force des armes, était désormais franchie. Ce changement de position, tout le monde l'avait compris, accepté ou subi. Le pouvoir s'imagina qu'il devait le formuler et l'écrire.

Ce fut une grande faute ; car dès ce moment on discuta ; la formule appelle l'argument.

Pendant que tout Paris allait, avec cet empressement de curiosité inoffensive qui le distingue, contempler le théâtre de la guerre, étudier les petites rues qui avoisinent l'église Saint-Merry, admirer les brèches faites par le canon, les vitres brisées, les pans de murs ébranlés, et recueillir mille récits aussi contradictoires que les relations officielles, on placardait sous ses yeux une ordonnance qui le mettait lui, Paris, maintenant si bon enfant, si flâneur, si chercheur de nouvelles, si heureux d'avoir vu encore finir une affaire ; qui le mettait, dis-je, en état de siége. Et alors chacun de se regarder ébahi, de quitter avec défiance le sol encore chaud du combat, de retourner à son logis, en disant tristement : « Mais je croyais que tout » était terminé. »

Tout l'était en effet pour le péril ; et de ce qui restait à faire pour le châtiment, il n'y avait rien, absolument rien, à quoi ne pussent largement suffire, et la police ordinaire, et la justice ordinaire, et surtout cette puissance matérielle, maîtresse du terrain, à laquelle on ne contestait nulle chose, qui, la veille même du jour où le régime exceptionnel était décrété, avait mis la main sans façon, par le seul droit de la guerre, sur ce qu'il y a de plus sacré dans notre état politique, sur les presses de trois journaux. La preuve de ce que j'avance, c'est que tout ce qui fut fait de recherches, d'arrestations, d'injonctions, de saisies, le fut par les agens de l'autorité civile; le nom du lieutenant-général, grand-justicier, ne figura que dans des actes insignifians. La disposition qui parut la plus odieuse, celle qui obligeait les médecins à dénoncer ceux qu'ils auraient guéris, ne fut point publiée sous le patronage d'un nom militaire. Ce fut pure générosité si, quelques mois après, un vieux guerrier voulut la couvrir de son manteau. L'état de siége n'était donc pas sérieux; c'était une simple fiction, une bravade, une démonstration, dans la vue d'établir aux yeux de tous que la royauté nouvelle pouvait faire, sans qu'il lui en coutât rien, ce qu'avait tenté, aux dépens de son existence, l'ancienne royauté. La cour royale s'y trompa, et elle en fut pour les frais de son empressement à déclarer, spontanément et sans provocation, que les citoyens ne devaient plus compter sur sa justice.

Quand Paris s'aperçut qu'on n'y allait pas tout de bon, que ses journaux étaient libres, qu'il avait toujours affaire aux sergens de ville et aux commissaires de police, que les conseils de guerre eux-mêmes procédaient avec lenteur, que leur première décision avait été un acquittement, que leurs arrêts encore devaient être déférés à des magistrats, alors il reprit peu à peu ses allures, au point que la salle de l'Institut se trouva presque pleine pour une réception académique. Il s'alarma bien un peu lorsqu'il apprit que trois hommes illustres par le rang, par la probité, par le génie, venaient d'être jetés en prison; mais, à la façon dont les prévenus interrogèrent leurs juges, il reconnut bien qu'on ne lui avait donné que l'impuissante parodie d'un gouvernement terroriste ou militaire; et il retourna au spectacle.

Cependant, le temps s'écoulait et les jugemens s'entassaient sur le bureau des conseils de guerre, qui continuaient avec calme et résignation leur nouvelle besogne, sans savoir bien si tout cela n'était pas peine perdue. L'état militaire est habitué à cette espèce d'incertitude. L'incompétence seule pouvait être sérieusement reprochée à ces tribunaux. Leurs formes, leur langage, leurs jugemens même, ne s'éloignaient en rien de la justice régulière; et je le dis en toute conscience, il y a des magistrats, voire des jurys, qui pourraient prendre modèle sur leur manière de procéder. En matière politique, je craindrais beaucoup plus le zèle impétueux que l'obéissance passive.

Enfin, après vingt-deux jours d'existence, la grande mesure du pouvoir, l'arme de l'empire, brisée entre les mains de la restauration par la chute d'un trône, fut anéantie, dans celles du nouveau pouvoir, par quelques lignes d'une chambre de justice. On a beaucoup ri, en certains lieux, de voir que la liberté aux abois devait son salut à trois ou quatre magistrats qu'elle voulait expulser au moment de son triomphe, et dont la conservation lui avait fait pousser tant de cris. Je ne sais vraiment où elle en serait si elle eût obtenu alors de les remplacer par les plus apparens de ses amis.

Le gouvernement prit aussitôt son parti de bonne grâce. Comme l'état de siége, privé de la juridiction exceptionnelle, ne pouvait plus servir à rien, il y renonça volontiers. Il prétendit en avoir tiré tout le profit qu'il voulait en punissant quelques écoliers, en licenciant un corps choisi de la garde nationale, en se faisant remettre des armes; mesures qui étaient dans la limite légale des ordonnances, et ne demandaient certainement pas qu'on dérangeât tout le ménage constitutionnel du pays. Mais enfin il se donnait les airs d'abandonner ce qu'on lui ôtait; il faisait encore remise de ce qui lui était inutile : ce n'était pas trop mal sortir d'affaire.

D'autant mieux qu'il perdait seulement la sanction vaniteuse de la victoire. Le profit réel ne lui en restait pas moins. Il demeurait toujours dans sa position de gouvernement émancipé, maître de ses actions et faisant ses volontés. Quant aux Chambres, devant lesquelles il faudrait bien tôt ou tard s'expliquer, il comptait, non sans raison peut-être, sur le temps qui affaiblit les impressions et ôte la mémoire, sur les accidens qui apportent des distractions, sur les imprudences des partis, qu'on peut placer aussi au nombre de ses chances, dût-on y aider un peu. Son attente n'a pas été trompée, et la discussion sur l'adresse a complété cette péripétie qui commence une nouvelle série d'événemens. Laissons-les marcher, et reprenons nos promenades.

LES ÉGLISES.

CHAPITRE XIV.

« Je ne remarque pas qu'il hante les églises. »

Cela se disait du temps de Molière, et, dernièrement encore, cette objection contre l'ambition des gens avait cours en certains lieux. Maintenant on rirait de ceux qui viendraient apporter de pareils renseignemens là où se distribuent les faveurs. Les portes de l'église ne mènent plus qu'à la prière, au repentir, à la charité. Aussi Tartufe se donne-il bien garde de s'y montrer « à ces heures précises où l'on est sûr d'être aperçu ; » et, pour mieux dire, il n'y va plus du tout. Tartufe sait son monde et connaît son temps. Tartufe aujourd'hui a des moustaches; il porte à sa boutonnière un ruban tricolore en attendant la croix d'honneur. Il ouvre des souscriptions et propose des toasts. Sa tête, qui se courbait mollement devant les saints emblêmes ou les insignes sacerdotaux, s'est redressée avec fierté sous la coiffure du soldat citoyen. Sa voix si douce, et qui modulait la séduction avec de pieuses paroles, est devenue rauque, sèche et mordante pour accentuer convenablement le juron ou le blasphême dans un banquet patriotique. Il ricane, de manière à se faire regarder, en passant devant le portail de la paroisse, où sa place au banc-d'œuvre porte encore le témoignage d'une longue assiduité; il se détourne de son chemin, pour qu'on ne le soupçonne pas d'y entrer ou d'en sortir. Il efface bravement de la consigne l'article qui ordonne de rendre les honneurs du poste au symbole du

Dieu invisible (1); il effacerait Dieu lui-même, si la pointe de son sabre pouvait atteindre à cette voûte céleste où la puissance éternelle, infinie, s'est imprimée en caractères inaltérables. Il ira ainsi jusqu'à ce qu'on l'avertisse, ou plutôt qu'il s'aperçoive, car il a la vue longue, que le temps est venu de rattacher l'état de choses où il aura trouvé sa place, à quelques-uns de ces principes sous la protection desquels il est donné aux sociétés de se maintenir, et de vivre leur part d'histoire. Il ne faut pas s'y tromper en effet. Tartufe n'est pas exclusivement l'homme à la démarche humble, au front prosterné, au dos courbé, au regard contrit, qui ne sait que s'agenouiller, se signer, se battre la poitrine, et pousser de grands soupirs. Il a, grâce au ciel, bien d'autres physionomies à sa disposition quand celle-ci n'est pas de mise. Tartufe, c'est dans tous les temps, dans tous les pays, sous toutes les formes, l'homme qui, ayant petite chevance et mince talent, avec grand désir de bien vivre en ce monde, exploite heureusement la crédulité

(1) Ceci est historique et a produit, je crois, un jugement du conseil de discipline pour le dommage causé au mobilier du corps-de-garde.

courante, pour gagner un bon emploi, se faire un honnête revenu et attraper un riche mariage.

Donc Tartufe n'est pas à l'église, ce qu'il fallait démontrer d'abord pour me justifier de vous y conduire. Et là ne sont pas non plus les magistrats, dont la robe rouge décorait naguères les processions, les fonctionnaires qui accrochaient aux cordons du dais leurs habits brodés, les guerriers dont la main, habituée à porter le fer dans les combats, se brûlait à la cire d'un cierge. Je ne vous dis pas que ces guerriers, ces fonctionnaires et ces magistrats n'existent plus, mais seulement qu'ils ne sont plus là, et que vous pouvez vous y hasarder sans crainte d'être pris pour un solliciteur de places ou un convié du budget. Au pis-aller pourrait-on vous croire une victime du changement politique, un administrateur destitué, un juge démissionnaire, un commis à la réforme, tous gens « remontés » par leur chute au rang de citoyens, » comme disent les citoyens-poètes, et qui viennent protester, en priant, contre leur infortune. Mais, chez nous, le mécontentement a toujours bonne grâce, et la messe ne perd rien à être de l'opposition.

Quoi qu'il en soit, les églises ont retrouvé leur véritable destination, et je les en félicite. Sans doute elles seront moins opulentes et moins ornées. La munificence royale ne leur dispensera pas ses largesses. L'ouvrage d'une main auguste n'ira plus décorer les autels, ou se déployer avec coquetterie sur les épaules du célébrant. La livrée de la maison régnante figurera désormais seule aux pompes religieuses. Quelquefois tout au plus, à l'heure matinale pour laquelle se sont éveillés les vrais fidèles, le prêtre, qui prononce à voix basse les paroles du saint mystère, pourra compter parmi ses assistans, agenouillée au milieu de la foule et confondue dans un pieux recueillement, une femme, une mère, qui n'a pas fait à sa grandeur le sacrifice de sa piété. Les églises n'auront pas encore de ces réunions brillantes, annoncées à l'avance comme les représentations à bénéfice, où l'éloquence chrétienne s'abaissait jusqu'au fade langage des académies; où je ne sais quelle effrontée venait, mondaine, leste et pimpante, jouer le rôle de la charité. Mais, avec moins de profit, elles auront aussi moins de périls. Elles doivent trembler encore jusques dans leurs fondemens, de la dernière tempête qui a grondé sur leurs dômes et leurs clochers. Aussi, quel que soit l'avenir de notre politique, je ne leur conseille pas de s'y mêler de nouveau. Car dans cet état même où on les a réduites et qui ressemble à de la décadence, sans chercher ailleurs que dans les probabilités humaines l'espérance de leur durée, elles me semblent avoir beaucoup plus à vivre que les révolutions qui les menacent, et celles qui paraîtraient les protéger. Il faut que la perpétuité ne leur soit pas promise de la même main qui l'inscrit si souvent dans nos lois.

Or, puisqu'il y a encore des églises à Paris, et que l'ambition n'y va plus, ce n'est pas chose que l'observateur puisse négliger, quels que soient du reste la nature de sa croyance et le degré de sa foi. Il ne s'agit pour cela que d'y conserver cette attitude de respect que commandent la politesse seule et l'habitude de la civilisation, à défaut de la crainte ou du sentiment religieux; et l'on peut ainsi visiter tour à tour les lieux consacrés aux différentes communions. Mais Paris est peut-être, parmi toutes les capitales de l'Europe tolérante, celle où le culte offre le moins de ces variétés qui, après avoir coûté aux peuples tant de querelles et de sang, vivent aujourd'hui paisiblement dans une innocente jalousie, et laissent à d'autres folies le déplorable honneur d'exciter la haine des hommes. Outre les causes que nous en fournit l'histoire, il est certain que le climat de la grande ville, tout parfumé de plaisirs et de molles jouissances, que cette vie de mouvement, de bruit et de tumulte, ont toujours été peu favorables à la croissance du schisme. Au temps même des discordes religieuses, la capitale ne fournissait qu'un petit nombre d'adhérens à la doctrine sévère pour laquelle une partie de la France guerroyait; et, lorsqu'on voulut faire une Saint-Barthélemy, il fallut attirer des provinces un nombre suffisant de huguenots, pour avoir de quoi laisser dans la mémoire des siècles une longue horreur. Le peuple de Paris se prêta volontiers au recrutement de la Ligue, aux massacres, aux barricades, à l'expulsion de ses rois, parce que tout cela se fait d'emblée, à la hâte, en un tour de main; mais il ne se donna pas la patience d'écouter les longues instructions de l'hérésie. Le prêche de Charenton, quoiqu'il fût une nouveauté, ne put jamais devenir à la mode. La révolution vint ouvrir une large porte à l'introduction des sectes diverses. Mais à peine avait-elle proclamé la liberté des cultes, qu'elle en décréta l'abolition. Les ruines s'amoncelaient trop nombreuses et trop rapides sur le sol de notre pays, pour que des caprices de foi religieuse eussent le temps d'y germer. Lorsque l'on s'occupa de déblayer le terrain, on n'y trouva qu'une religion toute faite, ayant forme de croyance et de cérémonie, vieille sans doute, mais rajeunie par la persécution et le martyre. On la rétablit sur ce qui lui restait d'autels, et la terreur qui venait de passer était si profonde, qu'encore bien que la concurrence fût ouverte, il ne se présenta personne pour en profiter.

Voilà ce qui fait que nous ne pouvons offrir aux étrangers appelés dans notre cité par l'élégante facilité de nos mœurs, par la renommée de nos monumens et les délices de nos arts, cette diversité infinie d'assemblées religieuses que renferment, par exemple, les villes de Londres et d'Amsterdam. Là se sont multipliées, avec une étonnante fécondité, les différentes formes de la prière. Une fois délivrées de cette aveugle soumission qu'exige l'église romaine pour son autorité absolue, invariable, perpétuée par la tradition, les consciences ne pouvaient être long-temps assujetties à des règles qu'une volonté de rebellion leur avait faites. Alors les sectes ont pullulé; et comme toutes avaient le même titre, toutes avaient droit au même établissement. Aussi est-ce plaisir de voir, dans une de ces capitales que je vous ai nommées, lorsqu'est arrivé le jour de l'adoration et du repos, car ces réformés n'ont pas encore eu l'esprit de supprimer le dimanche, toute la population sortir de ses maisons, éparpillée par groupes ou par individus, qui se disent adieu à leur porte, et se dirigent chacun vers l'édifice voisin où on lui a disposé les cérémonies de son culte; hier et demain bourgeois de la même ville, habitués des mêmes coutumes, aujourd'hui s'appelant calvinistes, luthériens, épiscopaux, presbytériens, remontrans, évangéliques de deux ou trois congrégations, baptistes, anabaptistes, moraves, catholiques, jansénistes, arméniens, grecs, juifs, ariens, francs-penseurs, huntingdoniens, swedenborgiens, sandemaniens, unitairiens, méthodistes à la façon de Wesley ou de Whitefield, et tout cela sans jamais se mêler, sans surtout se tromper d'enseigne; à peu près comme, chez nous, les abonnemens vont à chaque journal.

Notre Paris n'a pas, il faut l'avouer, ce luxe de pieuses fantaisies. Luther et Calvin ont pu seuls s'y naturaliser, l'un dans l'église de la rue des Billettes, par succession d'une confrérie de carmes; l'autre, plus heureux, ayant recueilli le double héritage de Jeanne-Françoise de Chantal et de Pierre de Bérulle, la Visitation et l'Oratoire, deux temples bâtis par François Mansard et Jacques Lemercier. Ajoutez à cela trois synagogues construites par les juifs, à leurs frais, de leurs deniers, des produits de l'impôt que lève leur industrie sur le monde chrétien; ce qu'ils se garderaient peut-être de faire aujourd'hui, que les desservans de leur culte viennent d'être admis à l'honneur d'émarger les feuilles de traitement. Et vous saurez tout ce que nous pouvons faire pour les religions dissidentes, pour celles au moins qui ont quelque antiquité, quelque crédit et une certaine clientelle. Car il est bon de vous apprendre qu'il en pousse chaque matin, des religions obscures et chétives, qu'il s'organise des cultes à la sourdine, qu'il se trame des schismes dans l'ombre; qu'après avoir mis la royauté au pillage, lorsque tout le butin est partagé, les spéculateurs veulent faire monnaie de la divinité. Prenez bien garde, honnêtes propriétaires, je vous en avertis, à qui vous louerez vos écuries, vos hangars et vos mansardes; car on pourrait bien y installer quelque dieu de nouvelle fabrique, ce qui ferait grand tort à votre maison. Et les ordonnances de police n'ont pas prévu cette espèce de trouble; elles ne se sont occupées que des mauvais lieux et des tripots. Voilà déja que l'Église Française, car il faut appeler les gens par les noms qu'ils se donnent, chassée de son grenier, chassée d'un bazar et d'une salle de vente, comme un locataire incommode et de scandaleux voisinage, a conquis une ménagerie. Le catholicisme est aussi parodié au boulevard. Renier sa religion n'était pas assez, il fallait encore la contrefaire. Par là, du moins, on obtient adroitement quelques signes de vénération, adressés aux symboles de ce culte qu'on a trahi. Pourtant, ô monseigneur Châtel, j'ai une supplication à vous faire, et sérieusement, s'il en est besoin, je m'inclinerai devant votre apostolat. Faites des recrues, primat des Gaules, tant qu'il vous plaira parmi les Gaulois qui ont âge d'apostasie. Célébrez des mariages autant que vous pourrez; le mal n'est pas si grand de déposer entre vos mains les sermens qu'on fait sous le poêle. Approchez-vous encore du lit des mourans, si cela ne vous fait pas peur. Mais, je vous en conjure, par le souvenir de cette candeur que vous aviez à douze ans, prenez pitié de l'enfance, de cette foi ardente et naïve, de cette espérance si fraîche et si radieuse qu'elle apporte aux pieds des autels, lorsqu'elle vient y chercher pour la première fois la communion des chrétiens. Grâce pour elle, monseigneur Châtel, et, au nom du ciel, ne lui donnez pas la vôtre.

Bien avant que le temps des Châtel fût venu, Paris comptait deux cents églises et chapelles consacrées à la religion dominante et jalouse. Les révolutions ne lui en ont laissé à montrer aujourd'hui que trente-sept, y compris les murailles et le comble de Saint-Germain-l'Auxerrois. Tout le reste est devenu maison, café, atelier, magasin ou théâtre. Londres, avec ses nombreuses réunions de dissidens et ses quinze chapelles catholiques, a conservé ou bâti cent quatre-vingt-dix temples pour le culte anglican, sans que la politique des Anglais, leur commerce, leurs conquêtes et même leur réforme parlementaire, en aient souffert le moins du monde; ce qui prouve que chaque peuple a sa façon d'entendre le progrès social. Quant à nous, notre talent est de détruire; mais si bien, si vite et si profondément, qu'il ne subsiste plus trace de l'édifice. Ce que nous commençons a seul figure de ruine. A la tête des monumens qui appartiennent au culte de la majorité, et qui sont restés debout, il faut placer la vieille cathédrale, élevée dans le temps où les rois de France continuaient l'ouvrage de leurs prédécesseurs, œuvre inintelligible pour notre époque, où les pensées ne se lèguent ni ne se recueillent. La cathédrale, avec ses figures bizarres, ses légendes racontées par la pierre et ses énigmes de sculpture; au-dehors témoignage imposant du moyen-âge, au-dedans blanchie, badigeonnée et luisante comme serait une Bourse de nos jours. L'Empire avait beaucoup fait pour Notre-

Dame. Il avait relevé son autel, il lui avait rendu ses tableaux, ses marbres, son trésor, et placé à l'entrée du choeur une clôture élégante. Le sacre était reconnaissant. La nouvelle révolution a voulu y travailler aussi; elle a dégagé l'édifice antique des bâtimens qui en masquaient une partie; elle a fait de l'art, sans le vouloir, à coups de pioche ou de marteau. Car toutes les révolutions entendent très-bien, et par instinct, le chapitre de l'art, qui consiste à donner de l'espace et du jour. Si vous avez besoin de matériaux pour construire, vous pouvez, tout près de là, prendre quelques toises de ce qui fut jadis un palais, et emporter en payant votre charretée de débris. Les révolutions n'ont que cela à vendre; le reste elles l'achètent. Maintenant la métropole, veuve de son archevêché, s'étend librement et se livre aux regards dans un vide qui semble la gêner et lui faire peur. Car cette solitude est celle de la destruction. Quant au premier pasteur de notre église, quant à l'hôte viager du palais qui n'est plus, ç'a été dernièrement un noble sujet de risée, d'apprendre qu'un huissier avait en vain cherché sa demeure au milieu de son diocèse. Il a fallu que la peste vînt pour le trouver.

Après Notre-Dame, Paris citait pour son antiquité l'église de Saint-Germain-l'Auxerrois, fondée par Childebert et sa femme Ultrogothe, déjà détruite une fois dans un temps si ancien, qu'il laisse la date de sa reconstruction incertaine; détruite par des ennemis, par des vainqueurs, par des barbares; ornée, dans une succession de neuf siècles, par la piété des rois français devenus ses paroissiens; offrant sur son portail et dans son enceinte presque toute l'histoire de l'art, depuis ses créations les plus naïves jusqu'à ses recherches les plus capricieuses; peuplée en outre de morts illustres qui se croyaient à l'abri sous ces pierres, d'où la colère publique avait arraché les restes de Concini. Une nuit de dévastation a passé sur cette vieille basilique, et il n'en reste plus que les murailles. Les Normands de nos jours vont vite en besogne. Entre deux rappels de la garde nationale, ils vous rendent un temple aussi nu que pourraient le faire les ravages de plusieurs siècles, ou l'invasion fanatique d'une autre croyance. Aujourd'hui ce n'est plus qu'une clôture où l'on a enfermé la solitude ; à laquelle on n'ose toucher, ni pour la réparer, ni pour l'abattre, où le culte a espéré un instant se glisser à la suite des morts entassés par l'épidémie, mais dont la peur de l'émeute, autre épidémie de notre temps, a fait de nouveau cadenasser la porte; objet de regrets pour l'art, de douleur pour la piété, et d'embarras pour la voirie.

Désormais il ne nous reste plus guères à montrer que Saint-Eustache, aux voussures hardies, aux piliers élégans, au jour sombre et mystérieux, où Colbert, le ministre du grand roi, et Chevert, le soldat de fortune sous l'ancienne monarchie, ont conservé leur sépulture; Saint-Gervais, dont l'ordonnance est belle et le portail majestueux; Saint-Roch, dont l'architecture, tant soit peu théâtrale, semblerait faite tout exprès pour une dévotion mondaine, lors même que le regard cynique de Dubois, penché sur sa tombe, n'y effaroucherait pas la pudeur ; l'ancienne église des Jésuites, au quartier Saint-Antoine, survivant à la chute de ceux qui l'ont ornée; Saint-Germain-des-Prés, riche de ses vieux souvenirs et de ses tombeaux; Saint-Etienne-du-Mont, bijou charmant, qui a recueilli une seconde fois l'héritage de Sainte-Geneviève; Saint-Sulpice enfin, le dernier et brillant effort de l'art moderne en faveur de la religion. Car il ne faut pas compter ce long carré de murailles entouré de colonnes, qui se couvre tout doucement à l'extrémité des boulevards, en face de la Chambre des députés; passe-temps et bénéfice livré à deux ou trois générations d'architectes, propre à toutes les destinations qu'on voudra lui donner, ce qui pourrait bien être aujourd'hui un mérite. Il faut oublier aussi l'ambitieuse construction de Soufflot, maintenant dépouillée de sa croix toute neuve et de ses autels à peine séchés. Pour la seconde fois, on en a fait déloger la divinité, et on a voulu encore la remplacer par l'immortalité humaine. Mais ne voilà-t-il pas que, lorsque le lieu a été prêt, c'est-à-dire évacué, la place vide et balayée, les grands hommes ont manqué à leur gîte; les piédestaux n'ont pas trouvé de statues. Dans le passé voisin de nous, le seul que nous voulions reconnaître, dans la gloire d'hier, il ne s'est pas rencontré de réputation à l'abri de la dispute, de culte proposé qui ne soulevât aussitôt ses protestans. Et dans le présent, pas une seule espérance, pas un homme dont les caveaux du Panthéon pussent prendre d'avance la mesure ! Aussi faut-il dire que l'assemblée qui a discuté cette grave question était au complet.

Deux essais tentés, l'un au quartier Bonne-Nouvelle, l'autre au faubourg Montmartre, et dont le premier seul a pu arriver à sa fin, montrent assez à quelles proportions mesquines doit se réduire l'architecture travaillant désormais pour le culte. Et ce n'est pas cet art seul que les églises inspiraient ou défrayaient, comme vous voudrez. Elles servaient aussi de débouchés, suivant l'honnête expression de la statistique industrielle, pour les œuvres du peintre et du statuaire. Le Salon s'écoulait dans les temples. Il n'est presque pas une de nos trente-sept églises qui n'aient donné asile à quelques-unes de ces grandes toiles où se déployait avec plus ou moins de bonheur, en scènes de martyres, le pinceau religieux de nos artistes. Les saints n'étaient pas mauvais à sculpter; il y avait d'excellens bas-reliefs dans l'Evangile. Et tout cela était

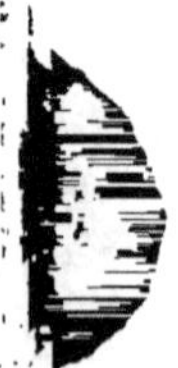

bien payé, commandé à l'avance, puis exécuté comme on pouvait. Grande ressource perdue aujourd'hui pour cette foule de vocations qui rêvent le talent et sentent le besoin! Il leur faudra, de toute nécessité, rétrécir leur imagination dans les limites d'un sujet et dans la mesure d'un cadre que les fortunes particulières puissent comprendre et payer, qui ne soit pas trop large pour les modestes galeries de nos amateurs. Ils seront obligés de chercher le beau en modelant des bustes de bourgeois, d'étudier la nature en dessinant les points de vue d'un parc; si mieux ils n'aiment se vouer à la poursuite des ridicules puissans, et aux risques de Sainte-Pélagie, en suivant l'audacieux essor que vient de prendre la caricature.

Et à propos de caricatures, je vous embarrasserais bien si je vous disais de chercher en quel lieu j'ai vu exposée une des plus piquantes, des plus amères productions qu'aient offertes à nos regards la périodicité du crayon politique. Au vitrage des cabinets de lecture, vous épiez leur apparition. A la porte des marchands d'estampes, sur les quais, sur les boulevards, vous ne manquez jamais de faire une halte pour savoir où en est l'opposition de la lithographie. Mais fussiez-vous sergent de ville, ce qu'à Dieu ne plaise! vous ne soupçonneriez jamais qu'une de ces petites échoppes, adossées au portail de nos églises, où se débitent des chapelets, des rosaires, des cantiques et des livres pieux, puisse receler, que dis-je? étaler, entre la représentation du miracle de Migné, et quelques vignettes ascétiques, les œuvres de cette polémique grotesque qui met le parquet aux abois? Juste retour des choses d'ici-bas, dirai-je à nos maîtres! Assez long-temps le rire s'est exercé, par tout et sur tout, à votre profit; il faut bien qu'il ait sa réaction à vos dépens. La raillerie a passé du côté où vous la jetiez naguères à pleines mains, sans pitié. En prenant pour vous le pouvoir, vous avez abandonné aux vaincus les armes dont vous les frappiez. Vous avez mis en humeur de moquerie tout ce qui n'est pas à vous. Vous avez donné de l'esprit aux sacristains et de la malice aux bedeaux.

Maintenant faut-il suivre, dans ces églises toujours ouvertes aux curieux comme aux fidèles, dont les trésors semblent confiés à la foi publique et ne tentent que bien rarement le crime, où vous ne trouvez le plus souvent, pour toute garnison, que le vieillard impotent qui vous offre poliment l'eau bénite, faut-il suivre, disons-nous, ceux que leur foi y conduit, les examiner dans l'occupation de la prière, ou bien encore assister aux cérémonies saintes comme à un spectacle frivole? Non sans doute; car cette indifférence, qui permet l'observation et la critique, s'arrête aux choses du sanctuaire. A peine serait-il discret de remarquer quelques habitudes du lieu qui n'appartiennent pas tout-à-fait au culte qu'on y célèbre; les petites vanités qui se logent au banc-d'œuvre, qui s'installent dans les chapelles ou se cantonnent dans les tribunes; l'importance locale des marguilliers, des confréries et des dames de charité; le privilége des chaises armoriées, rembourrées et contenant tout un nécessaire de piété; la mine, tour à tour renfrognée et caressante, des quêteuses embusquées à chaque porte; toutes ces dictinctions de classe, de fortune, et peut-être d'opinion, qui se conservent jusques dans le choix des églises où l'on va prier, qui donnent à l'assistance, suivant le quartier, un caractère de dévotion tout différent, qui font toiser d'un coup-d'œil, à Saint-Thomas-d'Aquin, une habituée de Saint-Roch, et rendent un paroissien de Saint-Louis-d'Antin tout dépaysé lorsqu'il entre à l'Assomption. Peut-être encore commettrait-on quelque scandale en signalant les secrets de la coquetterie appliquée à l'office divin, les nuances de toilette qui se trouvent entre les heures où le négligé est permis, et cette brillante messe de l'après-midi, cette messe paresseuse, comme on disait autrefois, où l'on arrive tout prêt pour le concert et la promenade, prélude pieux des joies profanes.

Mais, outre les célébrations régulières dont l'affiche vous annonce soigneusement le menu et les personnages, il est encore d'autres solennités, mi-parties en quelque sorte de convenance sociale et de devoir religieux, qui vous appèlent dans les églises comme assistant ou comme partie intéressée. Quelques efforts que nous ayons faits pour retrancher de notre existence tout ce qui ressemble au sentiment et à la poésie, pour la réduire au matériel des besoins et des souffrances, pour en élaguer tout le luxe des croyances et des traditions, il est cependant trois épisodes de la vie que nous n'avons pu dépouiller tout-à-fait de leur éclat, que nul ne veut inscrire tout uniment à leur date, comme on fait d'un arrivage, d'un contrat ou d'une faillite. Ce sont la naissance, le mariage et la mort : la naissance, qui apporte tant de joie et d'espérance ; le mariage, qui a tant besoin d'illusions ; la mort, dont le souvenir se perd si vite, qu'il faut bien du moins donner quelque appareil à la douleur du lendemain. Les lois qui ont ôté à l'Eglise l'authenticité des actes de l'état civil n'ont rien su faire, même dans leur tendance la plus hostile et la plus jalouse, pour remplacer les cérémonies qu'elle avait attachées aux trois grandes époques de la vie humaine, et par lesquelles elle ramène encore dans ses temples les hommes les plus dédaigneux ou les plus insoucians de sa doctrine. Le sacerdoce municipal n'a trouvé à leur offrir que des formes maussades ou mesquines. Tout a été dit pour l'enfant lorsqu'on a eu vérifié son sexe ; tout pour les époux quand le moraliste autorisé de la mairie, connu peut-être pour faire fort mauvais ménage, leur a lu l'article du Code qui enjoint à l'un protection, à l'autre obéissance, à tous deux fidélité; tout pour le défunt et pour le regret des survivans, lorsqu'on est convenu du cercueil et du terrain, du char et du cortége, et qu'il ne reste plus à payer que les pourboires. Aussi vous ne trouverez personne qui veuille se contenter de ce nécessaire légal, qui croie son héritier bien venu, sa chaîne suffisamment rivée, sa dette acquittée envers le parent ou l'ami trépassé, si la religion n'est pas intervenue avec sa pompe touchante dans ces événemens de la famille. C'est là ce qu'on nomme le casuel en style de fabrique, et ce qui conduit chaque jour devant les autels des visiteurs inconnus, qu'attend impatiemment à la porte cette nuée de pauvres à brevet, de mendians patentés, d'estropiés en activité, les plus hargneux et les plus insolens pétitionnaires qu'on ait vus jamais, et des mains desquels vous arracherez avec peine ou le maillot du nouveau-né, ou votre habit de noce, ou votre manteau funéraire.

Et lorsque se présente au seuil de l'église cette clientèle d'un jour, ces ouailles accidentelles, il ne faut pas que le prêtre fasse de difficulté pour l'admission, qu'il exige des passeports, qu'il s'avise de prétendre ne devoir son ministère qu'à ceux qui sont de sa foi; car il y aurait là sujet d'émeute, de violence et d'assaut; tant nous sommes devenus conséquens et raisonnables, tant nous comprenons bien les deux ou trois principes sur lesquels roule depuis quarante ans toute notre argumentation. Le plus sûr est donc de donner à tous venans et baptême et consécration et prières, sans chercher d'où arrive le parrain, la mariée ou le mort, sans demander ni se rappeler ce qu'il a fait hors du temple; de prendre au mot ceux qui l'escortent avec l'attitude de fidèles, et de les forcer à en continuer le rôle. S'il s'est glissé dans la foule quelque mécréant, portant en son cœur velléité de sacrilége et attendant une occasion d'outrage, il faut sagement faire comme le prélat de la Sainte-Chapelle, le laisser venir, l'attirer même, le surprendre en posture de chrétien, s'approcher de lui alors,

.... Et d'un bras fortuné,
Bénir subitement l'ennemi consterné.

LES RUINES

ET

LES CONSTRUCTIONS.

CHAPITRE XV.

Ne soyons pourtant pas injustes envers les révolutions, qui d'ailleurs sauraient bien nous le rendre. Quoiqu'il soit dans leur nature de détruire, et qu'elles s'en prennent assez volontiers aux monumens, pour atteindre en eux des principes et des souvenirs; il arrive parfois qu'elles dédaignent cette besogne vulgaire et en laissent la charge aux architectes. La nôtre, j'entends celle de 1830, s'est montrée tout à fait bénigne à l'égard des édifices. Les pavés ont respecté les pierres de taille. Hors l'église de Saint-Germain-l'Auxerrois et l'Archevêché, lesquels encore n'ont pas été frappés du premier coup, je ne vois pas que la victoire de juillet ait commis de grands dégâts. Si le jardin des Tuileries, défoncé par la pioche et sillonné par le chariot, a long-temps été un marais de plâtre et de boue, si plusieurs des compartimens tracés par Lenôtre ont disparu, si maintenant on travaille à gâter l'œuvre de Philibert Delorme, tout cela n'est pas violence de multitude déchaînée, mais caprice de locataire; il faut le dire, car j'ai vu bien des gens s'y tromper. Les conquérans du château s'étaient contentés de fouiller les caves, quelques uns disent les armoires, et de faire place nette pour l'emménagement de la future royauté.

Le Louvre n'a guères perdu, au dehors, qu'un assez vilain buste de Louis XVIII, qui écrasait de sa masse la porte du Musée. Dans l'intérieur, on pouvait craindre pour les tableaux. Il n'en a péri qu'un seul, celui qui représentait le sacre de Charles X ; je doute que la gloire du peintre ait beaucoup à s'en plaindre. D'autant mieux qu'il lui restera la plus belle production de son talent : l'entrée de Henri IV à Paris. Cependant un accident peu connu a légèrement endommagé cette brillante page d'histoire. Une balle, dirigée contre la tête du bon roi, a traversé la figure de Sully. Ce plomb obéissait à la Charte mieux que la main qui l'a fait partir. Il mettait en action la responsabilité des ministres. Les salles du conseil d'état, ornées par la munificence du roi déchu, n'ont pas souffert de l'invasion. Si le corps délibérant, pour l'agrément duquel la restauration s'était mise en frais de tous ces travaux, ne siége plus dans le palais des rois, ce n'est pas que le local lui manque, ni qu'on l'ait retranché lui-même du budget. C'est tout simplement parce qu'il coûtait trop à la liste civile de lui fournir le feu et la chandelle, sans compter qu'il ne payait pas de loyer. On l'a renvoyé se chauffer à l'auberge.

Quant au Palais-de-Justice, je vous ai dit ce

qu'on y avait brisé. Le Luxembourg n'a souffert que dans son personnel, dont une grande partie a été dispersée. Mais on a trouvé de quoi remplir les lacunes, et quand les nouveau-venus se seront défaits de quelques mauvaises habitudes, je vous assure qu'il n'y paraîtra presque pas. La Bibliothèque n'a couru aucun danger; les voleurs l'ont trouvée garnie de toutes ses richesses. La Colonne y a gagné une inscription latine, qui a servi à désarmer une émeute. Lorsque les admirateurs de la gloire impériale ont vu gravés sur l'airain des caractères inintelligibles, ils se sont retirés fort contens. De plus, on leur a promis de replacer sur le faîte de ce monument triomphal, aussitôt qu'il y aurait de l'argent de trop, une statue de Napoléon, non pas en empereur romain, comme cela se faisait dans son temps, mais en redingote, en bottes fortes, coiffé de son petit chapeau, et tenant en main une lorgnette, pour que le grand homme puisse au moins nous apercevoir de si haut. L'Institut est resté tel qu'il était, sauf qu'il porte sur ses murs les cicatrices de la fusillade, objet de souvenir haineux pour les uns, occasion pour moi de pensée consolante, puisque chacune de ces balles qui ont creusé leur trou dans la pierre, pouvait terminer une existence d'homme. Quant aux statues, elles sont toutes debout, moyennant un léger anachronisme qui leur a servi de sauve-garde. Henri IV sur le Pont-Neuf, Louis XIV sur la Place-des-Victoires, Louis XIII dans sa solitude de la Place-Royale, ont arboré le drapeau tricolore, et semblent adhérer au nouvel ordre de choses, en leur qualité d'inamovibles. Les géans du pont Louis XVI menacent toujours les passans, et rappetissent nos hommes d'état qui traversent leur double haie pour se rendre au lieu de leurs séances. Il n'a été besoin que d'effacer sur un bouclier, de détacher d'une couronne quelques fleurs-de-lys; j'ai vu le moment où l'on allait décorer l'écu de Bayard de cet emblème singulier qui ne rappelle rien, qui ne signifie rien, de ce coq sans renom dans l'histoire, aujourd'hui encore sans caractère officiel, et qui, pour cette raison peut-être, est devenu étrangement populaire.

Notre révolution, à nous, n'a donc fait que peu de ruines matérielles. Celles que nous rencontrons à chaque pas, ces édifices qui s'élèvent à quelques pieds de terre, ces piédestaux qui n'ont rien à porter, ces fûts de colonnes sans couronnement, ces assises inégales et imparfaites où l'herbe croît en liberté; ce ne sont pas des débris, ce sont des essais. Ce sont des entreprises de notre temps, conduites jusqu'où elles peuvent aller. Car, il faut bien le reconnaître, l'âge de bâtir est passé pour nous. Nous pouvons abattre des hôtels pour construire sur leur emplacement des maisons à cinq étages, percer des murs pour y loger des marchands, convertir des palais en bazars, des jardins en carrefours, élargir nos rues et rétrécir nos cours, ouvrir des passages, décorer des théâtres et des cafés, en courant les risques des non-valeurs et des faillites. Encore ne faut-il pas aller trop vite et entreprendre trop en grand dans ce genre. Car la spéculation même a ses déserts. La population a manqué aux logemens. Dans la seule enceinte de Paris, on trouve d'immenses solitudes comme aux lieux d'où l'incendie, la conquête et la peste ont depuis long-temps chassé les hommes. En ce moment même, il y a concurrence parmi les terrains abandonnés, et c'est à qui se fera le plus vaste, le plus vide, le moins utile, le plus besoigneux, pour tâcher d'attirer dans son sein l'Entrepôt. Les oreilles municipales ne savent à qui entendre. C'était bien la peine de déraciner et de démolir !

Le génie de notre civilisation peut porter aussi sa prévoyance jusqu'à rendre les prisons commodes, agréables et saines. C'est même un soin de première nécessité, dans lequel tous les partis devraient se réunir. Car, pour peu que nos discussions et nos expériences continuent à prendre pour objet la recherche de l'état le plus libre, il faut nous attendre à passer, chacun à notre tour, sous les verroux.

Mais entreprendre de ces édifices qui défient le temps, qui conservent à travers les siècles la mémoire de l'époque où ils ont été créés, qui éternisent la gloire d'un homme, ou portent le témoignage d'une croyance sûre de sa durée, d'un événement qui fonde un avenir, voilà ce qui ne nous appartient plus. L'Empire avec toute sa puissance, la Restauration avec toute sa bonne volonté, n'ont pu venir à bout, celui-là d'un arc-de-triomphe, celle-ci d'une église. De l'Etoile à la Bastille, l'art de nos jours n'a semé que de honteux avortemens, lorsqu'il a voulu s'élever au-dessus des spéculations bourgeoises ou industrielles. Toutes les maisons qui se dressent autour de la Magdeleine seront louées, depuis l'écurie jusqu'aux combles, avant que ce temple soit terminé, dût-il changer encore une fois de destination. On parle d'ajouter au Louvre l'aile qui lui manque. Cela était bon à dire dans la discussion de la liste civile; mais je ne crains pas le démenti en affirmant que notre siècle ne verra pas ce prodige. Le vieux palais des rois restera manchot.

J'ai lu quelque part que le poète Dufresny disait à Louis XIV : « Je ne regarde jamais le » nouveau Louvre sans m'écrier : superbe monu- » ment de la magnificence royale, vous seriez » achevé si l'on vous eût donné à l'un des quatre » ordres mendians, pour tenir son chapitre et » loger son général. » Le franc-parler des poètes avec les rois m'a toujours paru suspect; cependant il y a un grand sens dans ces paroles, et ceux-là les ont bien peu comprises qui les ont trouvées plaisantes. Or, maintenant que nous n'avons plus d'associations religieuses, excepté la maison de banque saint-simonienne qui fait faillite, la troupe foraine de Châtel, qui s'abrite sous des planches, et les Templiers, qui paient un loyer au cinquième étage, si tant est qu'ils le paient; où trouver, je vous prie, la puissance d'exécution, de volonté, de persévérance, qui manquait à Louis XIV ? Pour moi, je suis tenté de croire qu'en élevant un temple au commerce de Paris, l'architecture monumentale a construit son propre mausolée. Et de là je conclurai que nous devons, sous le bon plaisir des révolutions, conserver précieusement ce qui nous reste d'églises, de palais, de jardins publics, d'hôpitaux surtout, en consacrant, à les entretenir, l'argent que nous perdons à poser des premières pierres.

LE

QUARTIER SAINT-JACQUES

ET LA CHAUSSEE-D'ANTIN.

CHAPITRE XVI.

Ce sont là deux extrémités de la grande ville ; deux extrémités aussi de la vie sociale, que vous pouvez toucher en moins d'une heure. Et déjà vous demandez peut-être ce qu'il y a de si important et de si mystérieux dans ce noir et boueux quartier qui descend par des rues étroites, vers la vieille île des Parisiens, pour qu'on l'oppose de toute sa tristesse, de toute son obscurité, à la ville des élus, au brillant séjour du luxe et de l'opulence. Serait-ce parce qu'il y végète une population indigente, vouée à de pénibles travaux, à de grossières industries, dont une partie va cherchant ce butin de la borne et du ruisseau qu'un réveil matinal dispute au balayage officiel; qui s'entasse, maigre, pâle, maladive, en des réduits fétides où elle reçoit et communique des principes de mort? Serait-ce encore parce qu'au sommet de sa colline, la charité toujours chaste et respectable, même dans ses prévoyances les moins pudiques, a fondé des asiles où elle recueille le vice sous toutes ses formes et avec tous ses accidens, soit qu'il arrive hideux et défiguré, puni par ses propres excès, soit qu'il se présente sous la protection d'un intérêt plus touchant, venant offrir à la vie des produits que la société peut, sans fiction, adopter comme les siens? Serait-ce enfin parce que depuis peu, à l'extrémité de ce long faubourg, lorsqu'il est permis de croire que Paris dort encore, que ses journaux ne l'ont pas averti ou que d'autres soins ont détourné son attention, la vindicte publique, cette puissance qui se vante d'aller le front levé et d'effrayer le crime par l'exemple du châtiment, se hasarde parfois à redresser sans bruit sa machine dans un lieu désert, et consomme à la sourdine, comme un malfaiteur tremblant d'être surpris, cette œuvre de destruction qu'elle ne veut pas perdre et qu'elle n'ose pas avouer?

Tout cela, sans doute, a son prix, et nous serait aisément matière de quelques pages bien triviales, bien livides ou bien atroces. Mais déjà notre littérature regorge de moralistes qui ramassent la vérité au crochet, de poètes qui s'inspirent aux tortures de l'hôpital et de romanciers qui se pourvoient chez le bourreau. Il n'y a donc pas là de quoi recommander à notre observation le quartier Saint-Jacques, nous qui avons peut-être découvert quelque chose des infirmités, des plaies honteuses et des misères cachées sous le riant manteau de notre civilisation, mais qui pensons que ces révélations ne conviennent pas aux simples fantaisies de l'écrivain, aux jeux frivoles de l'esprit, et que l'autorité d'un but utile n'est pas de trop pour les rendre tout à fait innocentes. Ce que nous chercherons dans le quartier Saint-Jacques, ce sera, si vous le voulez bien, cette ancienne destination qu'il a conservée pendant plusieurs siècles, et dans laquelle il s'est maintenu jusqu'à nos jours, malgré tous les déplacemens de ce remue-ménage continuel que nous appelons régénération ou progrès; ce seront ses écoles, ses étudians, rassemblés dans le même espace de terrain qui s'appelait autrefois l'Université, et autour duquel le roi Philippe-Auguste, partant pour la terre-sainte, ordonna qu'il serait fait une enceinte de murs, de portes et de tourelles, afin d'y enfermer la colonie savante que le voisinage de Notre-Dame ne pouvait plus contenir. Alors déjà disait-on « qu'il s'y » trouvait un nombre de jeunes gens aspirant à » la science, tel qu'on n'en avait jamais vu au- » tant dans Athènes ou en Égypte, attirés à » Paris, moins encore par l'agrément du lieu » et l'abondance de toutes les commodités de la » vie, que par la singulière liberté dont ils jouis- » saient sous le patronage royal. » Aussi était-ce un bon et digne roi que ce Philippe-Auguste, aimant les écoliers d'autant plus franchement qu'il ne leur devait rien de sa couronne! C'était lui qui ne voulait pas qu'on leur fît violence; qui condamnait à garder prison toute sa vie un prévôt de Paris, pour avoir marché contre eux en compagnie de gens d'armes; qui faisait promettre aux bourgeois sous la foi du serment, chose sérieuse à cette époque, de ne pas détourner le visage quand un laïque insulterait un écolier, mais bien d'appréhender au corps le coupable; qui défendait à tous officiers de justice d'arrêter un étudiant pour crime; et qui, pour mieux assurer l'exécution de son ordonnance donnée en 1200 à Béthizy, commandait au prévôt et au peuple de Paris d'en jurer solennellement l'observation en présence de la jeune république. Il faut convenir que le droit divin avait de bons momens.

Jamais il n'y eut de temps plus heureux pour la jeunesse à la fois studieuse et remuante, double application de son activité, dont elle n'a pas entièrement perdu l'habitude. Au moindre démêlé qu'elle avait avec les bourgeois, ses maîtres prenaient hautement son parti, et la puissance de Rome accourait à son secours. La fermeture des classes était une menace qui mettait incontinent la ville en émoi, qui en dépeuplait tout un quartier, qui répandait la désolation chez les hôteliers, les marchands de vin et les libraires, qui laissait aussitôt tous les malades sans médecins ; c'était le coup d'état de la résistance. Aussi ne s'avisait-on pas de pousser à bout la milice des écoles. La police armée, son ennemie naturelle, se voyait souvent réduite à demander pardon, quand par malheur elle avait été la plus forte. Ses officiers, ou faisaient amende honorable pieds nus et la torche à la main, ou bien allaient jusques dans Avignon chercher l'absolution du pape, pour quelques méfaits de leur charge à l'encontre des écoliers. Le pouvoir même des favoris se trouvait mal de s'être engagé contre eux, et la place où avait été la maison d'un grand-chambellan de France, sous Charles VI, resta nue et déserte pendant toute la durée d'un siècle, en souvenir d'une offense commise par ses serviteurs. L'histoire nous apprend encore qu'un prévôt, ayant fait pendre trop à la hâte deux écoliers qui le méritaient bien, fut obligé d'aller lui-même les détacher du gibet, que là il baisa les deux cadavres à la bouche, pour ensuite les enterrer avec grandes cérémonies et marques de repentir. « C'est » qu'alors, comme le dit un contemporain, » l'Université avait grande puissance, tellement » que, quand ses disciples mettaient la main à » la besogne, il fallait qu'ils en vinssent à bout ; » et se voulaient mêler du gouvernement du » roi et de toutes choses. »

Or, c'est toujours dans ce quartier où les écoliers d'autrefois étaient retranchés « comme » dans leur donjon et forteresse, » que chaque année, au mois de novembre, en cette triste saison qui nous ramène, avec les brouillards, les délibérations politiques, les débats judiciaires et les cours des quatre Facultés, on voit arriver des départemens, munis de grande espérance et de léger bagage, fraîchement libérés de la rhétorique ou ravivés par le loisir des vacances, des corps nombreux d'étudians, venant chercher à Paris la fortune de la science ; trouvant leur logis, non plus dans ces colléges hospitaliers que de pieux fondateurs avaient établis pour leurs devanciers, mais dans les cellules étroites de ces maisons délabrées où l'industrie locative a pendu des écriteaux. Notez bien que je parle ici seulement de ceux qui nous sont envoyés par le coche ou par la diligence, apportant, dans ce monde nouveau qui s'ouvre devant eux, toute la naïveté de leur étonnement et toute la vivacité de leurs illusions. L'étudiant indigène, domicilié, est d'une nature différente et se mêle rarement avec eux. Une expérience précoce a depuis longtemps éteint en lui les joies ardentes de la première liberté, lui a ravi d'avance ces émotions, ces surprises, ces étourdissemens qui saisissent une jeune imagination, si mauvais que soit son gîte, lorsqu'à ses regards se déploie le spectacle d'une grande ville en mouvement, avec sa multitude immense, son bruit, son éclat et ses plaisirs. Le Parisien, enfant gâté de la vie mondaine, ne connaît rien de ces jouissances; il ne sait rien non plus des privations et des ennuis au prix desquels on les achète. De la maison paternelle où il trouve toutes ses aises, où il reçoit tous les soins de sa famille, il vient une fois par jour, visiteur dédaigneux et le plus souvent retardataire, prendre sa place sur ces bancs qu'il trouve fort durs, et qu'un cardinal, réformateur de la discipline classique, avait proscrits jadis, comme une infraction aux règles de l'humilité. On le reconnaît de loin à sa mise plus correcte et qui n'a pas le négligé du voisinage, à son isolement au milieu des groupes où glapit l'attractif accent de la province natale. Il recueillera, sans doute aussi bien qu'un autre, les leçons du professeur, et, comme il n'y sera pas fort assidu, il se fera sans beaucoup de peine la provision de science nécessaire pour obtenir successivement ses trois ou quatre diplômes en parchemin; car le propre du Parisien est une merveilleuse facilité de succès médiocres. Mais il n'aura pas vécu la vie de l'étudiant. Il n'aura jamais pénétré dans les détours de ces rues si sombres et si maussades où s'abrite, chaque soir, le troupeau des diverses écoles; il n'aura pas risqué de perdre, à la porte de sa maison qui s'ouvre lentement, cette chaleur bienfaisante empruntée au foyer banal du cabinet littéraire; il n'aura pas gravi le raide escalier dont le temps a inégalement échelonné les marches et mutilé la rampe massive; il ne se sera pas enfermé dans une mansarde tellement resserrée que l'absence du mobilier s'y fait à peine sentir; il n'aura pas su ce qu'il y avait de luxe et de longues ressources dans une modique mesure de bois, dont la scie a multiplié les morceaux. Et les veillées d'hiver continuées sous la couverture, et les maigres repas qui démentent la promesse de l'affiche, la distribution ménagère d'un mince revenu, l'art de se créer un peu de superflu en retranchant quelque chose du nécessaire, de transiger avec les besoins pour goûter de temps en temps la friandise d'un caprice, toute cette pratique de patience, d'expédiens et d'économie, exercée de bonne heure, à l'âge de la plus grande insouciance, voilà ce qu'il n'aura jamais éprouvé. Aussi comme il aura moins souffert, il osera moins. Car c'est presque toujours à ce régime d'éducation rigoureuse que l'âme gagne quelque énergie; et si vous trouvez parfois un talent heureusement formé, mais empreint d'une certaine mollesse, qui manque surtout de hardiesse et de vigueur, soyez sûr qu'il n'a pas respiré l'air du pays latin.

C'est ainsi, en effet, qu'on le nomme ce vieux quartier peuplé de misère et de science; où se trouvent rassemblés, par un mélange bizarre, l'espoir et le rebut de la civilisation; où la même rue entend se croiser des dissertations sur la propriété des mots et des disputes qui se passent de grammaire pour exprimer leurs passions; où l'on parle toutes les langues depuis celle d'Homère, dont l'harmonie fut révélée en ces lieux mêmes à Guillaume Budé par Angelo Tifernas, jusqu'à l'idiôme grossièrement pittoresque des querelles populaires. Mais partout le latin domine, et c'est de lui que la conquête commune a reçu son nom; le latin qui argumente en théologie, qui décide en droit, qui définit en médecine, qui commente en littérature, et dont les mathématiques ont seules appris à se passer. Du Petit-Pont jusqu'à Saint-Jacques-du-Haut-Pas, du carrefour Bussy aux fossés Saint-Victor, il semble que l'érudition vous pénètre par tous les sens. Car les pierres aussi ont de l'histoire à raconter. Les maçons de notre époque, aidés comme ils l'étaient par une révolution, n'ont pu assez démolir et construire assez, pour qu'il ne reste pas quelques vestiges des antiquités sans nombre dont cette partie de la ville était remplie et qui gardent le témoignage des temps passés. Dans la rue de la Harpe, une voûte conservée de l'ancien palais des Thermes, reportera vos souvenirs à l'empereur Julien, si mieux vous n'aimez, sur la foi de l'aubergiste voisin, aller sans façon jusqu'à Jules-César. Saint-Benoît le bien tourné, que la sépulture donnée à Baron n'a pu protéger contre l'invasion des comédiens, fait remonter son origine à l'apostolat de Saint-Denis dans les Gaules. Au mont de Sainte-Geneviève, vous trouverez les noms de Clovis et de Clotilde inscrits sur les murs noirs de cette antique abbaye dont la tour s'élève encore, comme un défi porté à notre temps, parmi les bâtimens confus et bigarrés dont on a formé un de nos colléges. Dans la rue du Foin, vous verrez un factionnaire adosser sa guérite à la maison de la reine Blanche. La Sorbonne vous parlera de saint Louis sous qui elle fut fondée au village appelé de Coupe-Gueule. Tous les règnes suivans sont marqués ici par des établissemens pieux, églises, abbayes, couvens, asiles, colléges surtout : car, comme dit un écrivain religieux, « ce qui est utile au public est aussi ouvrage de piété. » Et de tous ces édifices confisqués, vendus, abattus, dénaturés, transformés en casernes, en prisons, en magasins, en maisons neuves, en théâtres, en guinguettes, en tripots de religions nouvelles, il est demeuré du moins des noms et quelques débris d'antique architecture pour nous rappeler ce que nous avons détruit, pour nous faire remonter dans la mémoire des siècles à la trace des ruines que le nôtre a semées.

Or, c'est là, disons-nous, qu'il faut demeurer plusieurs années lorsqu'on veut faire son chemin par l'étude dans ce monde encombré de réputations en activité et d'ambitions en survivance. La condition est dure, et je voudrais pouvoir dire que nul désappointement, nulle sorte de mécompte, ne viendra cruellement tromper de si longs efforts, une résignation si vertueuse. Par malheur il n'en est pas ainsi, et la fortune ne tient en réserve qu'une part bien médiocre de ses faveurs pour tant d'espérances. Ce serait chose désolante de compter combien les colléges qu'on appelle d'humanités, ces lieux fermés de hautes murailles, garnis de fers pointus et de grillages, combien, dis-je, ces geôles de la première éducation versent chaque année de rhétoriciens à nos écoles, combien d'étudians s'arrêtent à la première, à la seconde étape de la route, vaincus par le dégoût et l'ennui ; et de ceux qui parviennent jusqu'au terme, quel petit nombre fera profit, trouvera emploi de cette science qu'il a si péniblement gagnée? Mais le sort des professeurs serait par trop mauvais si l'on écoutait toutes ces prévoyances. Ce qu'il faut d'abord, c'est s'inscrire, passer ses examens, prendre ses degrés et devenir savant, je veux dire licencié, à ses risques et périls. Aussi ne voyez-vous pas que le quartier Saint-Jacques se plaigne d'être abandonné et que les chaires où se débite l'instruction, ces honnêtes bénéfices du doctorat, passent pour être moins lucratives. Là, au contraire, point de boutiques qui se ferment, pas de places vacantes; l'industrie qui vit des études est celle encore qui paraît se soutenir le mieux. On bâtit dans le voisinage de la Sorbonne tout aussi élégamment et plus vite qu'aux environs des Tuileries, quoique les rues y changent moins souvent de nom. Il ne se confectionne pas moins de livres pour le service des écoles que pour l'amusement des salons. Ce ne sont partout qu'académies d'armes, salles de conférence, salles de danse, salons littéraires, hôtels garnis, cours préparatoires pour le baccalauréat, restaurans à vingt-deux sous et répétiteurs à six francs. La concurrence même semble avoir mis dans les invitations qui s'adressent à la bourse chétive des étudians, une certaine émulation de coquetterie. Les aubergistes font des frais d'érudition sur leurs enseignes; les limonadiers marchent avec la science pour attirer la jeunesse studieuse, et vous trouverez dans la rue Sainte-Hyacinthe un *Café des progrès*. Flicoteaux lui-même, non plus pourtant Flicoteaux (car voici encore un grand nom qui s'éteint) mais son successeur Delauney a fait peindre de couleurs toutes fraîches son réfectoire de vieille renommée. Les professeurs à la suite ajoutent chaque jour quelque chose au menu de leur enseignement, comme les traiteurs à la liste de leurs plats; sans pouvoir égaler cependant le luxe de science où s'est jeté un coiffeur de la rue des Grès qui parle cinq langues, vers et prose, sur son écriteau, qui coupe les cheveux en grec, en latin, en allemand, en anglais, en espagnol; tout cela, dit-il en français, pour dix sous avec la frisure. Cette rivalité si active et si ingénieuse vous prouve bien que le commerce du quartier latin ne dépérit pas, que le recrutement de la milice savante s'opère avec régularité ; qu'enfin nous ne sommes pas prêts à manquer d'avocats, de médecins et d'aspirans pour les emplois publics, ce qui est tout à fait rassurant.

Vous avez peut-être déjà remarqué que je rôde assez long-temps autour des écoles avant d'en toucher le seuil. Excusez, je vous prie, ce souvenir de jeunesse que l'aspect de ces lieux a renouvelé ; c'est ainsi que, vos hommes d'état et moi, nous avons appris tout ce que nous savons. Pourtant, il ne faut pas laisser se morfondre dans leurs fauteuils, devant des bancs dégarnis, au milieu d'une salle disposée pour des assistans nombreux, ces professeurs qui se dépiteraient de leur solitude et pourraient bien reprendre la coutume chagrine et tracassière de l'appel nominal, tout assurés qu'ils sont de retrouver en détail aux examens les auditeurs qui manquent à leurs leçons. Voici d'abord l'Ecole de droit, bâtie sur les dessins de Soufflot, en face de ce temple gigantesque dont il n'avait pu prendre la mesure sur nos grands hommes. Enrichi d'un nouvel amphithéâtre et de logemens commodes pour les jurisconsultes assermentés, le domicile est décent et fait grande honte à ces vieilles masures de la rue Saint-Jean-de-Beauvais, où la Faculté de droit tint long-temps ses écoles doctorales, au milieu d'une foule de succursales autorisées qu'annonçaient l'image pendue de saint Hilaire et de saint Martin, l'écu de France et le lys couronné. Maintenant toute la science des lois romaines, civiles, criminelles, procédurières, commerciales, administratives, est renfermée dans ce bâtiment sévère et dans la tête de treize docteurs à chaperon rouge qui ont acquis le privilége exclusif de la distribuer en trois ans, à raison de trois heures par semaine pour chaque branche d'instruction. Ajoutez à cela deux cours que vous êtes dispensé de suivre si vous ne prétendez pas à l'honorable superfluité du doctorat, puis un professeur, le mieux partagé de tous, qui n'a rien à montrer, et vous avez tout le tableau de l'enseignement officiel. Vous comprenez parfaitement que cette école est celle où l'on voit affluer le plus de vocations indéterminées, incertaines de leur objet, qui peuvent se traduire par un vague désir d'avancement. Car il est reconnu que le droit mène à tout, et, lorsqu'on commence la vie, il est prudent de prendre la voie où se trouvent le plus d'issues. Au reste, les choses sont disposées de telle sorte, que l'on a devant soi tout le temps de se décider, que l'on ne s'engage pas plus qu'il ne faut par des connaissances acquises, et qu'après avoir ramassé dans sa mémoire tout ce qui s'enseigne ici, on sera libre encore de choisir ce que l'on veut apprendre.

Vous reconnaîtrez facilement le voisinage de l'Ecole de médecine, à l'aspect tout particulier que prennent les boutiques dont elle est environnée, à ces squelettes exposés pour la vente, à ces figures hideuses qui garnissent l'étalage des libraires, à ces bocaux garnis de précieuses monstruosités, à ces arsenaux d'armes salutaires, mais terribles, où partout brille l'acier aigu, tranchant, courbé, armé de dents; à cet appareil menaçant des opérations, qui fait peur de la guérison aux gens en bonne santé : heureusement que le commerce des cadavres n'a pas lieu dans la rue. Ici vous pensez bien que le ton moqueur n'est pas de saison, et que, surtout au lendemain d'une épidémie, on ne se joue pas volontiers avec une science comme celle qui se démontre aux hôpitaux ou bien dans les amphithéâtres, sur la table sanglante des dissections. Molière lui-même aurait certainement trouvé les médecins moins plaisans, si, au lieu de les prendre dans le monde, avec leur réputation toute faite et relevée de charlatanisme, avec leur langage de convention et leurs conseils de routine, leur grande perruque et leurs dentelles, il les eût vus à l'ouvrage, les manches retroussées, le scalpel en main, dans leur école de la rue de la Bucherie auprès de la rue du Fouare, travaillant sur les deux sujets que la ville était obligée de leur fournir. Le nouvel édifice consacré par Louis XV à cet usage est élégant, gracieux, et semble annoncer quelque chose de plus gai que pathologie, physiologie, anatomie et clinique. L'architecture a voulu faire à la médecine les honneurs de son art, comme pour la remercier de lui avoir cédé Claude Perrault. Aussi est-ce un bon exemple à suivre que celui de ce mauvais médecin qui devint bon architecte. Il y a tant de hasard, d'influence étrangère, d'erreur excusable, de données inexactes dans la première direction où l'on aventure sa vie, qu'il est bien permis, lorsque le courage fléchit devant des difficultés ou des dégoûts imprévus, lorsqu'arrivé au moment de l'application, on ne se trouve ni la conscience du succès légitime, ni la science du succès usurpé, il est bien permis, dis-je, de changer sa route. Seulement il ne faut pas se tromper deux fois.

Les deux écoles que je vous ai nommées fournissent le nécessaire, le sérieux, le positif des études, la provision dont on a besoin pour se faire un état, pour prendre rang dans l'Almanach Royal, donner son adresse au public et recevoir des circulaires. La clientelle et les pratiques ne sont pas de mon ressort. Je n'ai à vous parler ni de l'École Normale, malgré l'importance qu'elle a reconquise, ni de l'École Polytechnique, malgré sa récente popularité, parce que les élèves de l'une et de l'autre, cloîtrés ou casernés, comme on voudra, soumis à une règle intérieure qui continue pour eux la vie du collége, ont besoin d'un congé ou d'une révolution pour franchir, soit par la porte, soit par dessus les murs, l'enceinte où ils sont renfermés. Ils n'appartiennent donc pas à cette existence émancipée dont nous cherchons ici l'emploi. Mais, outre les spécialités d'instruction légale qui se trouvent en face du Panthéon et dans la rue des Cordeliers, le quartier Saint-Jacques possède encore de quoi suffire à tous les désirs, à toutes les fantaisies de cette curiosité studieuse qui honore notre jeunesse. Il a d'abord, hors de l'Université, le collége de France, cette vieille fondation royale qui date de François Ier, que la centralisation de l'enseignement a respectée, et pour laquelle on trouve toujours une place à part dans les déménagemens ministériels. Il a encore, dans l'Université même, au sein de l'antique Sorbonne, la Faculté de théologie, autrefois maîtresse du lieu, maintenant commensale humble et dédaignée; la Faculté des sciences, ramassant le peu de disciples que lui abandonne une foule d'établissemens rivaux; enfin la Faculté des lettres, à qui d'heureux talens avaient donné naguères une célébrité presque mondaine, mais qui risque fort de ne plus retrouver son auditoire élégant, ses visiteurs inconnus, si le ministère et la pairie persistent à lui débaucher méchamment tous ses professeurs.

Est-ce assez de tout cela, dites-moi, pour occuper du matin au soir cette foule de jeunes gens avides de s'instruire et de discuter, qui dépensent innocemment à cet exercice la périlleuse ardeur de leur âge; qui, du fond de leurs réduits, parmi toutes les tribulations et les rigueurs qu'ils supportent gaîment, regardent à peine l'obscur avenir placé au bout de leur travail, et ne s'inquiètent pas si le monde va son chemin sans les attendre? Est-ce assez de peine, en effet, et ne pensez-vous pas qu'il leur soit dû pour cela quelque distraction, quelque plaisir? Je sais bien qu'ils ont, à leur portée, la Chaumière du Mont-Parnasse, les guinguettes, les cafés, les bals masqués, les amours sans lendemain, passe-temps vulgaires qu'ils partagent avec la jeunesse de tous les états, artistes, commis, artisans, courtauds, et sur lesquels on vous a brodé maints contes ou vaudevilles; ils ont aussi leur théâtre du Panthéon, et un soin tout paternel vient d'envoyer à l'Odéon, pour leur usage, des troupes foraines empruntées aux subventionnés de l'autre rive. Mais ce n'est pas à ces frivolités que s'amuse leur passion. Ce qu'ils demandent, c'est qu'on leur permette de se mêler dans notre politique; c'est que leurs affections et leurs répugnances, exprimées à leur manière, soient comptées pour quelque chose; c'est qu'on ne fasse pas fi! de leur intervention dans les affaires sérieuses; c'est que la capacité d'âge et la citoyenneté en bonnet à poil n'affectent pas pour leur inexpérience un fier dédain, eux qui ont mis aussi « la main à la besogne actuelle, » selon l'expression de notre vieil auteur, et qui vraiment ne s'estiment pas trop en croyant s'y entendre aussi bien que leurs maîtres. Sinon, je vous préviens qu'ils feront de l'opposition, et qu'il y aura du tapage au pays latin, des conciliabules sur la Montagne-Ste-Geneviève, des coiffures bizarres qui protesteront contre votre système, des huées au parterre, des chants patriotiques et peut-être des charivaris; ce qui dérangerait fort inutilement votre garde nationale et votre troupe de ligne, dont on peut avoir besoin ailleurs.

Il faut donc leur donner la petite satisfaction de les consulter un peu, et je vous assure qu'il n'y paraîtra pas. Ou plutôt, car c'est un objet sérieux que le sort de la génération qui s'élève, il faut voir pour elle mieux et plus loin qu'elle ne regarde elle-même. Il faut comprendre que, dans cette agitation continuelle qui vous importune, il entre, à son insu peut-être, quelque sentiment vague du peu de bien que promet le monde aux longs efforts, aux veilles, aux travaux, aux misères de l'étude, du faible dédommagement qu'elle peut attendre pour le sacrifice de ses joyeuses années. Nous ne sommes plus en effet au temps où l'on pouvait rechercher la science pour le seul plaisir de savoir. Maintenant la jouissance est le but ; l'instruction n'est qu'un moyen d'y arriver plus noble et plus honnête. Et déjà vous apercevez sans doute pourquoi nous avons placé la Chaussée-d'Antin en regard du quartier Saint-Jacques.

C'est que là en effet se trouvent rassemblés tous les rêves de bien-être, de vie agréable et molle, d'élégant tumulte, de riant désordre, de douceurs, d'éclat et de délices que l'imagination a pu former. La Chaussée-d'Antin, c'est la terre promise de toutes les ambitions qui visent au bonheur. C'est encore, si vous l'aimez mieux, le faubourg Saint-Germain du nouveau régime, avec cette différence que cet autre paradis de l'aristocratie acquise est ouvert à chacun, sans information du lieu d'où il arrive, sans production de titres, sans enquête de mœurs et d'origine, à la seule condition de s'y étaler noblement, de contribuer à la splendeur commune en prenant sa part de plaisirs, en fournissant son contingent de dépense.

Fortuné pays en vérité, né d'hier, qui n'a pas d'histoire à vous dire, pas de monumens à vous montrer; frais, neuf et bien aligné, tellement neuf, qu'il a déjà des ruines comme nous en savons faire, des débris d'ouvrages inachevés; qui vit tout entier dans le présent, sans souvenir et sans prévoyance, qui ne connaît guères hors de ses limites que le bois de Boulogne et la Bourse; dont les naturels prennent à grande pitié le travail obscur de l'intelligence; peuplé d'intrigue, de fourberie, d'ignorance, de vanité: mais enfin où tout le monde veut arriver, que toutes les industries ont en vue dans leur labeur, parce qu'on y brille, parce qu'on y jouit, parce qu'on s'y divertit, parce que la civilisation matérielle de notre temps s'y trouve rassemblée tout entière, et se résume clairement par deux grandes fondations sociales, le café de Paris et l'Opéra.

Eh bien, dans l'intérêt même de cette prospérité locale qui, à force d'aiguillonner le désir, peut finir par exciter l'envie, il faudra tôt ou tard songer à en rendre l'accès plus facile, à multiplier les voies qui y conduisent, à ouvrir surtout un plus grand nombre de communications entre le lieu où l'on récolte la science, et celui où l'on se partage les joies de la vie. Il y a encombrement au pays latin, je vous en avertis; et si l'on ne trouve bientôt des canaux par où puisse s'écouler paisiblement tout ce torrent de savoir, il y aura toujours à craindre qu'il ne fasse irruption parmi nous sous quelqu'une de ces formes étranges, fantasques, menaçantes, dont s'effraie aisément une société peu sûre d'elle-même et de ses principes. Ce sera donc en même temps prudence et justice, si les études mènent plus sûrement aux jouissances, si les peines du noviciat universitaire peuvent espérer d'être payées en ce monde par une certaine dose de ces biens où tant d'autres puisent à meilleur marché ; ce qui revient à dire, si l'on peut arriver sans trop d'obstacles du quartier Saint-Jacques à la Chaussée-d'Antin, en ayant soin d'éviter sur son passage l'Institut et les Tuileries.

LES JEUNES GENS

A MARIER.

CHAPITRE XVII.

Je cherchais tout à l'heure des débouchés pour cette jeunesse à laquelle on fait si peu de place dans la vie sociale, et qui attend avec quelque impatience que les rangs s'élargissent pour lui ouvrir passage. En voici pourtant un qui semble tout trouvé : le mariage. Excellente condition, en vérité, qui vous prend un homme tout vif, tout sémillant, un perturbateur de l'ordre public, un héros du drame scandaleux, et en peu de temps vous le rend gras, lourd, assoupi, réglant ses comptes de cuisine, parlant morale et montant la garde. Par malheur nous voyons que cet état de béatitude domestique n'exerce qu'une faible séduction sur les esprits de la génération nouvelle. A l'exception de quelques amours impétueux, débris de l'ancien roman, qui se précipitent tête baissée dans toutes les chances de misère et de regret que leur présente l'avenir, vous ne trouverez nulle part un grand empressement à courber sa tête sous le poêle nuptial. Et cependant les jeunes filles attendent ; elles font de la musique à s'engourdir les doigts, à se déchirer la poitrine. Elles prodiguent, pour se mettre en scène dans le monde, mille efforts de gracieusetés et de talens. Mais bien loin qu'on leur sache gré de toutes ces avances, on se moque d'elles à l'envi, on invente mille injurieux propos pour tourner en dérision la plus séduisante espèce de femmes, après celles qui sont revenues du mariage, je veux dire celles qui veulent en essayer.

C'est que vraiment, en cela comme en toutes les choses d'ici-bas, nous avons fait une singulière condition aux femmes, nous autres privilégiés de la barbe, de la vie indépendante et des droits politiques. Après avoir rogné autant que possible leur part de liberté, quand nous les tenons enveloppées de tout côté par ces liens que nous appelons devoirs ou convenances, et dont notre malignité leur fait sentir à toute heure la mordante étreinte, nous allons les poursuivre par le ridicule jusques dans cette chétive existence que nous leur avons réglée, et leur tourner à moquerie la gêne même où nous les avons réduites. Qu'elles soulèvent, avec un peu de hardiesse, un coin du joug qui pèse sur leur tête, ou qu'elles le portent avec résignation, qu'elles suivent docilement la route étroite tracée à leurs désirs, ou qu'elles s'en écartent par d'imprudentes saillies, nous avons des railleries toutes prêtes contre leur soumission et contre leur révolte, nous rions tour à tour de leur patience et de leur insubordination. C'est encore là un de ces droits du plus fort dont nous usons effrontément, et, pauvrettes qu'elles sont, habituées à souffrir, quoique chacun de nous ait fait à chacune d'elles ample confidence de nos faiblesses, de nos folies et de nos sottises, on ne les voit pas exercer les sévères représailles qui leur seraient bien permises. Tout au plus se hasarderont-elles, isolément et dans leur intérieur, à châtier cette impertinence du sexe dominateur sur l'individu, parfois fort innocent, qui se trouve à leur portée, sans jamais se permettre de riposte générale contre l'espèce.

Pour ne pas sortir de notre sujet, demandons-nous d'abord si c'est être bien généreux, comme il convient aux puissans et aux mieux partagés, que de prendre pour sujet de sa raillerie, non pas une volonté, un désir, une chose de choix et de préférence, mais un besoin, une nécessité qui est notre propre ouvrage. Il nous sied bien à nous, qui nous sommes réservé le droit d'opter sans contrainte entre l'accouplement du ménage et la libre allure du garçon, à nous pour qui le célibat peut avoir tous les avantages de la réalité et tous les agrémens de la fiction, de troubler ces malheureuses filles, vouées au mariage par l'arrêt de leur naissance et par la loi de notre société, dans la recherche de cet état hors duquel nous n'avons à leur offrir que péril ou délaissement, opprobre ou dédain. Qu'une fille, et jeune et belle et riche, car nous ne regardons pas les autres, exigeans et fiers que nous sommes, arrive à sa vingtième année, sans qu'on l'ait vue quitter sa famille, porter sa fortune et ses charmes au logis d'un étranger, renoncer aux joies de sa jeunesse, aux caresses paternelles, à ce doux partage qu'une mère fait avec elle de son autorité, irons-nous jamais supposer qu'elle reste volontairement et par goût dans sa condition d'enfant chéri, gâté, choyé, qu'elle craint d'échanger ce bonheur certain et connu contre les risques infinis du mariage? Non; plutôt que de croire à cette rébellion négative, à ce refus de l'impôt qui offenserait notre orgueil, nous irons demander à la médisance ses insolens commentaires et ses odieuses explications. Après cela, vraiment avons-nous bonne grâce à nous moquer de celles qui montrent quelque empressement pour satisfaire à la conscription du mariage, quand nous en punissons si sévèrement les réfractaires !

Mais l'apologie ennuie, et l'on ne se défend bien que par la récrimination ; la polémique, la tribune, le barreau, ne vivent pas autrement. Or, pourquoi ne ferait-on pas poser devant la critique le jeune homme à marier, le garçon qui veut se meubler d'une femme et se pourvoir d'une dot? Le jeune homme à marier a d'abord un tort très-grand, celui de n'être pas une vérité ; ce qui est plus sérieux pour un mari que pour une Charte. Car l'aspirant au ménage n'est plus jeune. La dissipation du célibat a usé chez lui cette jeunesse, entendons-nous bien, cette jeunesse morale, ces vives facultés de l'âme, cette première sensibilité, cette fraîcheur de sentimens, cette naïveté d'émotions, qu'il va trouver dans la compagne de sa vie, et dont il ne pourra pas apporter sa part à la communauté. De là sans doute, bien des mécomptes qu'on peut prévoir, des illusions qui vont être cruellement dissipées, des besoins qui ne seront pas compris, des pensées qui resteront sans communication et sans réponse ; enfin ce qu'il y a de plus triste au monde, le veuvage du cœur. Mais ceci appartient à l'histoire du mariage, et nous n'en sommes qu'à celle des préliminaires. Il suffit donc de constater que le titre de prétendu est un mensonge.

Vous comprenez bien qu'il ne s'agit pas ici de tous les hommes qui se présentent pour faire inscrire leurs noms sous le grillage du cadre municipal. Il en est heureusement, et beaucoup, qu'on pourrait dire prédestinés au lien conjugal par leur caractère, par leur position sociale, par leur éducation, qui vont tout droit à leur but, qui enrtent dans le monde avec une vocation déterminée, pour la emplir tôt où tard, selon que l'occasion leur fournira de quoi s'appareiller et compléter leur existence. Ce seront là, si vous le voulez, des épouseurs; le jeune homme à marier est autre chose.

C'est le plus souvent un vétéran de la vie joyeuse, un invalide du célibat, trompé dans ses espérances de gloire, de profit ou d'ambition, qui veut, comme il dit, faire une fin, parce qu'il a manqué la sienne. Rien n'est plaisant, lorsqu'on n'y a pas à risquer le bonheur de sa fille ou de sa sœur, comme d'entendre ses confidences. Il a épuisé la vie, il l'a vue et retournée sur toutes ses faces. Il a pressé et tordu le plaisir comme une éponge dont la dernière goutte est tarie. Il ne croit plus à l'amour, plus à l'amitié, plus au plaisir. Il est désabusé de tout, et principalement des femmes. Partant il lui en faut une, qui soit à lui, qui lui appartienne par ces promesses, dont il se vante d'avoir souvent éprouvé à son profit la fragilité. Et puis il ajoutera, d'une voix un peu plus basse, qu'il voit déjà l'âge projeter le long de ses tempes des fils argentés, qu'il sent le rhumatisme se glisser dans ses membres, que son cerveau a besoin d'être réchauffé par cette coiffure inélégante et commode dont l'usage n'est connu qu'à l'oreiller nuptial.

Mais ces choses-là se racontent seulement à l'amitié comme une justification, comme une excuse, et cette prétention à la caducité, cette fatuité de la goutte et du catarrhe ont tout à fait bonne grâce entre garçons. Ailleurs le candidat au mariage prendra un air moins cassé.

Il affectera même un peu d'étourderie pour que sa femme ait quelque chose à corriger en lui. Le voilà qui entre dans un salon ; car il fréquente beaucoup les salons depuis qu'il s'est mis sur les rangs, et il n'en dédaigne aucun. Il est bien revenu de son insolent mépris pour les réunions bourgeoises de ce monde où il est né, et hors duquel il avait pris son essor. Maintenant il flaire les dots jusques dans l'arrière-boutique ; il se réconcilie avec l'épicier. Le voilà donc qui entre dans un lieu, n'importe de quelle appellation, où s'assemblent les familles ; frisé, pommadé, proprement ajusté, ni trop simple, ni trop coquet, portant avec lui toute sa mise de fonds dans la société qu'il veut contracter, c'est-à-dire, sa personne.

Car vraiment il n'a que cela, sauf quelque héritage dont il est seulement séparé par deux ou trois générations de parens en parfaite santé, et qui court encore la chance des caprices testamentaires. Je ne sais ce que deviennent les patrimoines ; mais les notaires assurent qu'il en arrive bien peu aux contrats. A défaut de fortune il a des talens, des relations, des connaissances, du crédit. Il s'est acquis, dans les coulisses ou les foyers de nos théâtres, un ami qui peut, d'un jour à l'autre, devenir ministre : Un tel l'est bien ; on ne saurait croire combien cet Un tel a fourni d'argumens aux ambitions de tout étage. Avec cela, il faut voir comme il est difficile. Même devant une glace, il demandera que sa future ait de la beauté. Même avec un faux toupet et des rides, il exigera qu'elle soit mineure. A plus forte raison, s'il n'a pas payé son loyer, voudra-t-il du comptant et des espérances. Il se relâchera seulement sur l'article de l'esprit. Chacun croit en avoir pour deux.

Mais quand il a trouvé ce qu'il lui faut, c'est alors que vous le trouverez tout doucereux et complaisant. La posture embarrassée de l'homme qui ploie ses deux bras en deux angles égaux, pour soutenir en marchant la mère et la fille, a été dessinée d'après lui. Voyez de quel air il rit aux contes des grands parens, aux plaisanteries de l'oncle et aux mutineries du petit frère ; avec quelle docilité il conduit toute la famille au Jardin-des-Plantes ou à la revue. Il irait au sermon, si on l'en priait. Il lit le matin le journal auquel le père est abonné, pour se trouver le soir de son opinion, et quand la demoiselle s'asseoit à son piano, il bat à faux la mesure. Il regrette que ses parens, à lui, préoccupés de vues plus sérieuses, ne lui aient pas fait apprendre la flûte ou le violon. Car il était né pour la musique; et la charitable virtuose, qui croit bonnement sur parole à sa haute érudition, se hâte de lui dire en rougissant : « Dame, monsieur, on ne peut pas tout savoir. » Pauvre enfant!

Or, pourriez-vous me dire, en conscience, de quel côté il y a le plus de tromperie, le plus de petites ruses, de réticences, de dissimulations, d'hypocrites promesses? Et, à supposer que la balance soit égale, que, pour l'honneur de la morale, il faille considérer le contrat de mariage comme une partie de jeu où l'on triche de part et d'autre, du moins, ne serez-vous pas forcé de reconnaître que le tort est plus grand là où il est plus libre, plus volontaire, plus savant, plus calculé? Ne conviendrez-vous pas au moins que, dans cette espèce d'assaut où le moyen de succès est de plaire, l'avantage des formes est sans comparaison pour le sexe à qui la nature à donné la coquetterie comme une compensation de sa faiblesse, chez qui la séduction a toutes les grâces de l'instinct et de la naïveté? La justice divine a voulu que le mensonge du fort fût toujours empreint de ridicule.

De tout cela, je conclus qu'il ne faut jamais se moquer des filles qui cherchent un mari; par précaution, si on est exposé au mariage; par charité, si l'on s'en croit exempt.

LES SPECTACLES.

CHAPITRE XVIII.

On n'écrit plus aujourd'hui de longues dissertations sur le danger ou l'utilité des spectacles. Il n'y a plus de censeur rigide qui vienne nous dire que le théâtre est une école de corruption, pendant qu'un rhéteur mondain s'évertuerait à nous le présenter comme une chaire de morale. Personne aussi ne s'avise de raisonner sur la condition des comédiens, de renouveler contre eux l'excommunication religieuse ou l'anathème philosophique, ni de se constituer le champion de leur innocence, le garant de leur bonne conduite. On ne refuse pas à leur corps ce peu de terre où toutes les grandeurs humaines vont prendre leur mesure, et pourtant, lorsqu'on procédait à l'élection des morts pour représenter la gloire nationale dans les caveaux du Panthéon, aucune voix n'a placé le nom d'un acteur célèbre sur la liste des candidats à l'immortalité. L'art, lui-même, soulève à peine de faibles querelles parmi les intéressés, sans que le public y prenne part, se passionne pour un genre de composition, se divise entre deux talens, se révolte contre un préjugé, ou se mutine pour une innovation. On a laissé tomber en désuétude ces questions importantes, nées d'un heureux loisir, ces thèses inépuisables qui exerçaient l'éloquence des écrivains et partageaient sans péril les opinions du monde. C'est grand dommage, à mon avis. Car les sociétés un peu vieilles n'ont jamais trop de ces distractions qui les occupent et les empêchent de songer à mal ; de ces débats sans issue, dont les argumens ne se mettent pas en action, et n'appellent pas la violence brutale à leur secours. Il vient un âge où la raison des peuples serait merveilleusement propre aux discussions frivoles ; c'est celui où ils croient être sérieux. Que manque-t-il, je vous prie, à la plupart de nos disputes pour être tout à fait comiques ? un sujet moins grave que notre existence sociale, notre prospérité, notre avenir.

Les spectacles ont pris tout uniment leur place dans notre civilisation, dédaigneuse de ses plaisirs, comme un besoin de l'oisiveté que l'industrie doit satisfaire, comme une ancienne habitude, froide, capricieuse et nonchalante, dont on peut tirer encore quelques profits. Tout ce que la science de la politique, qui a découvert tant de choses, peut fournir en leur faveur, c'est une observation tirée des registres de la police, et qui prouve que, les jours où les théâtres sont fermés, il se fait plus de vols, il se commet plus de violences, il se donne plus de coups qu'à l'ordinaire. Il est donc utile de les tenir ouverts, ne fût-ce que pour le soulagement des juges d'instruction qui ont maintenant, dit-on, beaucoup à faire. Et puis c'est un commerce qui emploie une foule de bras, qui occasionne un mouvement de fonds considérable, qui fait circuler l'argent, par lequel s'écoulent de nombreux produits. Voilà sous quel aspect il faut considérer aujourd'hui ces divertissemens condamnés par l'Église et par Rousseau, qui ont résisté au paradoxe comme à la colère évangélique, pour tomber obscurément, au milieu de toutes les croyances éteintes, de tous les préjugés détruits, sous le regard glacé de l'indifférence. Car, ne nous y trompons point : une nation ne saurait aimer ses amusemens avec modération, avec calme, avec sobriété, d'une affection raisonnée et tempérante, comme elle aime ses institutions et ses lois. Il faut qu'elle s'y porte avec ardeur, avec ivresse, qu'elle s'y plonge tout entière, sans calcul, sans réflexion et sans prévoyance. Or, il n'y a plus que les révolutions que nous sachions faire ainsi.

Avez-vous étudié quelquefois l'histoire de la société française vers la fin du dix-huitième siècle, ailleurs pourtant que dans ces Mémoires contemporains qui se fabriquent ici près ? C'était là un monde amoureux des représentations dramatiques, prenant son plaisir avec emportement, s'occupant avec passion de tout ce qui servait à l'amuser. Voyez seulement quelle place tiennent les comédiens dans la chronique scandaleuse de cette époque. Nos journaux, que personne n'accuse d'une extrême discrétion, ne fourniront pas à la postérité autant de renseignemens sur les grands personnages de la scène politique, qu'il nous en est parvenu, à nous, sur les héros de cette autre scène vers laquelle l'attention était continuellement tournée. C'était bien autre chose que la cour, ou plutôt la cour était tout entière dans les coulisses; et la ville, toujours curieuse, voulait apprendre ce qui s'y passait. Maintenant que sait-on des comédiens? qui se croirait assez désœuvré pour ramasser des anecdotes sur leur vie, sur leur caractère, sur leurs jalousies, sur leurs intrigues; pour prendre parti dans leurs querelles? Dès qu'ils ont essuyé leur rouge et quitté leurs costumes, on ne songe plus à eux, ils rentrent inaperçus dans leur coin de la société, et on les retrouve, presque sans les reconnaître, dans les actes de la vie bourgeoise ou les devoirs du citoyen. Ils peuvent être, tout à leur aise, honnêtes gens, bons maris, soigneux pères de famille, et c'est toujours ce qu'on a de mieux à faire là où le vice n'aurait pas d'éclat. Les actrices elles-mêmes, cet éternel sujet des entretiens frivoles, des admirations frénétiques et des discours malins, peuvent, suivant leur fantaisie, se livrer au désordre sans obtenir de scandale, ou rester chastes sans craindre la médisance.

J'ai lu quelque part que la réforme des coulisses avait contribué fortement à la décadence de la scène; que, « le jour où les mœurs sont entrées au théâtre (ce sont les paroles d'un connaisseur), le talent en était sorti. » Voilà certes une expérience que le citoyen de Genève n'avait pas prévue. Mais tant d'autres causes visibles et palpables ont amené ce résultat, qu'il ne faut pas trop se presser d'en accuser un accident obscur et douteux; de peur qu'un beau jour nos comédiens ne se mettent à faire les mauvais sujets, à quitter leurs femmes, à se jeter tête perdue dans la dissipation et la débauche, pour retrouver la puissance d'émotions ou la verve de gaîté qui leur manque. Ce qu'il y a de certain, c'est que le théâtre s'en va, et les symptômes de son dépérissement se manifestent surtout dans les efforts qu'il fait chaque jour pour rattraper un peu de vie, dans ces bizarres essais de nouveauté, dans cette monstrueuse fécondité d'expédiens où s'épuise son agonie. En pareil cas, il s'élève toujours une contestation sans fin, un échange amer de reproches entre ceux qui exploitent la curiosité publique et les contribuables qui peuvent du moins refuser cet impôt. D'un côté, ce sont des plaintes violentes sur l'avarice et la mesquinerie du siècle, sur la sécheresse de ses idées, sur le prosaïsme de ses sentimens, sur cet esprit d'examen aride et méticuleux qui a remplacé notre ancienne vivacité, notre vieille facilité d'enthousiasme. De l'autre, c'est le ricanement moqueur de gens blasés et dédaigneux qui trouvent mauvais tout ce qu'on leur offre parce qu'ils ont perdu l'appétit à force de jouissance. « Aidez-nous », s'écrient les théâtres. « Amusez-nous », répondent sans s'arrêter les passans qui vont à leurs affaires. « Amusez-nous » est facile à dire; mais encore faut-il qu'on s'y prête un peu. Et comment divertir une société raide, empesée, qui a la prétention d'être raisonnable? Les jeux de la scène ne souffrent pas des spectateurs sérieux, distraits, préoccupés. Il leur faut une multitude ardente, étourdie, animée, préparée à tous les mouvemens qu'on voudra lui donner par la longue agitation de l'attente, qui n'ait pas pris le temps de dîner, qui se soit bousculée à la porte. On a remarqué déjà que le parterre assis n'avait plus de ces entraînemens rapides et tumultueux, de ces bruyans transports, de ces communications électriques qui s'y répandaient autrefois lorsqu'une foule avide de voir et d'entendre s'y entassait debout, pressée, étouffée, et respirant à peine. Que sera-ce donc qu'un parterre adossé, où l'on s'étend, où l'on s'étale, où l'on a de la commodité pour dormir! Et ces fauteuils appelés stalles qu'on trouve encore mal disposés pour la liberté des jambes, ces loges qui se rétrécissent chaque jour, où l'on s'enferme quatre à quatre, deux à deux, non pas sans doute pour mieux jouir du spectacle; où l'on semble craindre de se mêler; où le public, au lieu de se confondre dans une impression commune, échappe par ses fractions infinies à la contagion du rire ou de la terreur!

Lorsque nous voulons bien avoir un caprice, c'est à la condition de trouver toutes nos aises. La passion y va d'une autre sorte, et sans passion pas d'art, pas d'artistes. Les gens qui marchandent sur leur plaisir, ne peuvent créer qu'un métier exploité par des manœuvres.

Le tort sera donc au public si le théâtre tombe, si l'art s'éteint, si les belles traditions se perdent, si les acteurs sont ennuyeux et froids, les drames fades ou absurdes. Ce pauvre public a déjà sur son compte tant de reproches, qu'on peut bien y joindre celui-ci. Il aura pour se consoler les progrès de sa raison, la conscience de sa dignité. Avec cela on peut encore passer sa soirée très-agréablement.

Or, les théâtres en étaient là avec leur existence privilégiée, avec ce nombre limité de copartageans que la faveur seule pouvait augmenter; quand, pour comble d'embarras, la liberté est venue à leur secours, la liberté qui commence toujours par détruire, et laisse au temps le soin des réparations. Ils n'ont pas manqué de l'inaugurer avec pompe, à peu près comme les

Troyens introduisaient dans leurs murs la fatale machine. Ils l'ont chantée, encensée, pavoisée, et bientôt ils en ont vu sortir une foule d'ennemis avides, de rivaux affamés qui ont menacé de débaucher leurs habitués, d'enrôler leurs acteurs et de détourner leurs recettes. L'industrie de notre pays est active, prompte, ingénieuse, on le sait. Mais elle est imitatrice et moutonnière à l'excès. Dès qu'elle voit un sentier ouvert, elle s'y précipite aveuglément, sans faire attention même aux disgrâces de ses devanciers. Parce qu'on avait cru trouver sur le sol la place d'une salle de spectacle, les spéculateurs ne rêvèrent plus que théâtres. Il n'était lieu si lointain, si obscur, si désert, où la toise de l'architecte ne mesurât une enceinte, n'indiquât des issues et des débouchés, tandis que le directeur recrutait d'avance sa troupe et emmagasinait son répertoire. Le nombre des entreprises projetées s'éleva, dit-on, jusqu'à cent trois; je vous le donne sur parole de ministre. Quelques-unes n'allèrent pas plus loin que l'écriteau; d'autres montèrent jusqu'aux fondations; trois ou quatre ont ouvert leurs portes. Cependant les spectateurs manquaient aux vieux théâtres; tous criaient misère; tous tendaient la main au public qui faisait la sourde oreille, au budget surtout, ce grand aumônier de la nation. Mais comment se faire entendre du budget ? La gloire demandait, la science demandait, je ne sais qui ne demandait pas. Quelle figure un art frivole pouvait-il avoir au milieu de toutes ces sollicitations, puissantes par leurs services, peut-être par leurs menaces ? Et pourtant l'art frivole a obtenu ; Scapin a forcé le vieil Argante à délier les cordons de sa bourse, et s'est sauvé bien vite avec sa subvention.

Maintenant, c'est le tour du public, c'est Géronte qu'il s'agit de faire boursiller. Car on ne peut pas vivre avec treize cent mille francs, et ceux qui portent la livrée royale ont tout pris, comme c'est l'usage. Or, ce public n'est pas inépuisable ; il s'éclaircit au contraire sensiblement. D'autres habitudes, d'autres jouissances se sont établies, en concurrence avec les spectacles, pour l'occupation des heures qui suivent le repas et précèdent le sommeil. Il n'est pas de groupe bavard se promenant à l'abri dans nos passages richement éclairés, de cercle taciturne penché sur le tapis vert d'un cabinet de lecture, de quadrille sédentaire entourant la table d'un café où s'agitent et se rangent les dominos, qui ne soit enlevé aux parterres, qui n'y laisse une banquette vide. Les loges sont dégarnies encore de tout ce monde que le devoir, la curiosité, l'amour de la dispute, le goût plus répandu des relations sociales attire chaque soir dans les salons. Les clubs aussi conspirent contre les théâtres. Je ne parle pas des gens qui s'en éloignent par système, par entêtement, par dédain, qui veulent s'en tenir à ce qu'ils ont vu, rester sur leurs admirations passées, et ne pas risquer leur goût à de nouvelles épreuves; et des fortunes dérangées par la secousse politique, qui exagèrent leurs épargnes; et des fortunes de nouvelle origine qui prennent leurs précautions d'économie, peu confiantes dans leur propre durée. Tout cela fait que la matière imposable diminue à mesure que s'accroît le nombre des parties prenantes. Il faut une grande habileté dans l'art des promesses, des annonces et des programmes, un crédit fortement établi chez les distributeurs de la renommée, une attention constante à ne pas laisser refroidir un succès, une explosion presque journalière d'éloges complaisans, pour attirer à soi, l'un après l'autre, tous les flots de la population, pour que l'envie de voir pénètre jusques dans les plus obscures retraites, pour faire arriver chaque soir du faubourg Saint-Germain, de la rue Saint-Denis, du Marais, du quartier Popincourt et du Gros-Caillou, les élémens variés d'une chambrée complète. Et ce bonheur encore, on ne l'obtient qu'aux dépens de ses confrères, quelquefois aux dépens de son propre avenir. On presse la curiosité comme une éponge, on en extrait jusqu'à la dernière goutte, et on se retrouve ensuite à prendre sa maigre part dans le fonds commun, qui se compose presque exclusivement des étrangers et des oisifs.

C'est pourtant avec ces faibles chances de profit que, tous les soirs, vers six heures, une vingtaine de théâtres, plus ou moins, selon que la balance est pour les entreprises ou pour les faillites, garnis au dehors de leurs affiches, de leurs réverbères et de leurs gardes municipaux, au dedans de leurs contrôleurs et de leurs ouvreuses, attendent, les guichets de leurs bureaux ouverts, la recette qui doit faire vivre tout un monde d'employés, de comédiens, de figurans, de machinistes, de musiciens; vous remarquerez que, pour me conformer à la coutume, je ne m'occupe pas des actionnaires. Il y a bien les loges à l'année dont le bénéfice est certain, qui peuvent rester vides sans que la caisse en souffre. Mais, il ne faut pas vous tromper au nombre des écriteaux qui vous interdisent, à vous, spectateur isolé, ou couple de mine chétive, l'entrée pour votre argent de ces réduits privilégiés. Un mystérieux commerce qui se fait dans les corridors, et que l'administration tolère, en offre la jouissance à de certaines conditions qu'un peu d'usage vous ferait connaître. Il n'y a pas cinquante ans que l'établissement tout nouveau des *Petites loges*, ainsi les nommait-on alors, était traité, par un observateur chagrin, d'usage indécent, né de la licence des mœurs, et qui menaçait l'art dramatique d'une prompte décadence. C'était, disait-il, une insulte au vrai public, une délicatesse de sybarite, surtout une prime donnée à la paresse des acteurs. Aujourd'hui, l'on s'est bien corrigé de cette imprudente prodigalité. Six ou sept familles, inconnues l'une à l'autre, se cotisent avec peine pour fournir chacune le prix quotidien d'une seule location. C'est une affaire qui se négocie par courtier et par entremetteur. Et la division des propriétés ne s'arrête par là. Les chaises d'une loge, les fractions d'une banquette se placent encore parmi les commensaux ou les habitués de la maison. Un homme, de quelque état dans le monde, ne peut se dispenser de compter parmi ses titres le cinquante-sixième coupon d'une avant-scène. C'est ainsi que l'on fait du luxe avec économie. Hors ce revenu fixe et l'accident des loges louées le matin, tout l'espoir des théâtres est dans la recette vulgaire des bureaux, dans les spectateurs que le hasard leur amène. Et pour cela, que d'incertitudes? De quel côté le vent de la curiosité soufflera-t-il ce soir? Quelle recommandation aura prévalu parmi toutes celles dont les journaux sont remplis? La Chambre ne finira-t-elle pas trop tard? La discussion n'aura-t-elle pas trop ébranlé les cerveaux? Le temps ne sera-t-il pas ou trop beau ou trop vilain? Dîne-t-on en beaucoup de lieux? Ne danse-t-on pas quelque part? La rente a-t-elle fléchi? A-t-on appris quelque révolte? L'émeute dort-elle toujours? Ainsi et par mille autres questions peuvent se traduire les alarmes d'un directeur qui, à travers les trous du rideau, ne voit pas la foule se précipiter dans le parterre en vagues tumultueuses, qui n'entend pas dans la rue le roulement des voitures, l'injonction bruyante du gendarme, et ce cri autrefois si connu, maintenant presque inusité, ce cri : « A la queue ! » protestation chaleureuse du droit acquis contre l'usurpation. Et n'est-ce pas pitié que de surprendre, à quelques pas de là, chez le restaurateur, autour d'une table garnie de son dessert, ou, si vous l'aimez mieux, entre les murs discrets d'un cabinet particulier, cette question négligemment jetée : « Où irons-nous ? » attendant une réponse qui hésite; de savoir que des regards incertains parcourent la dernière page du *Figaro*, pour chercher où doit se terminer une partie de plaisir aussi bien qu'une journée d'ennui? Comme si c'était là une chose de délibération et de choix, non pas d'entraînement impérieux et d'ardente résolution. Pauvres théâtres !

A la tête de tous ceux qui remplissent les colonnes du journal, et se rangent paisiblement suivant l'ordre hiérarchique que maintient l'afficheur, nous trouvons d'abord l'Opéra, roi de la scène, roi besoigneux et rétribué, à qui les revenus de son domaine ne suffisent pas, et qui a sa liste civile inscrite au budget. Celui-là du moins dépense noblement notre argent, et nous fait honneur de ce qu'il nous coûte. C'est lui qui soutient, au milieu d'une société mesquine et décolorée, notre vieille réputation de luxe et d'élégance, qui nous empêche de rougir devant l'étranger, qui couvre de fleurs notre misère, qui continue parmi nous, non pas peut-être pour nous, les fêtes brillantes de la civilisation. Et il s'est trouvé des gens, insensibles à tant de services, qui ont proposé de l'appauvrir, qui voulaient le condamner à n'avoir d'autre fortune que celle qu'il gagnerait jour par jour comme un misérable prolétaire; lui si généreux dans ses pompes, si prodigue dans sa féerie, si éblouissant de richesse, si enivrant de volupté. Un Opéra, grand dieu! mesuré sur l'échelle de nos dépenses ordinaires, à la face de l'Europe, en présence de tous ces curieux qui nous arrivent de Londres, de Vienne, de Munich, de Berlin et de Saint-Pétersbourg, observateurs malins et jaloux, disposés à nous contester cette supériorité dont nous sommes si fiers! Il y aurait eu là de quoi perdre toute la gloire de nos révolutions. Par bonheur le sentiment de l'orgueil national a prévalu. Notre Opéra nous reste, non pas amaigri, desséché, indigent, comme ses recettes pourraient le faire, mais opulent et somptueux, comme la munificence royale l'avait créé.

Nous voilà sûrs de conserver encore et cet orchestre mélodieux où deux cents instrumens se font entendre comme une seule voix, et ces partitions savantes que nous finirons par sentir à force de les admirer, et ces chanteurs qui maintenant savent chanter, et ces belles imitations de palais, de jardins, de forêts, de paysages, de souterrains qui ont toujours tant de charme pour le public, et surtout ces danseuses que l'Europe nous envie lorsqu'elle ne peut pas nous les prendre, ces nymphes légères, aériennes, dont les pas sont si gracieux, les poses si enchanteresses. Décidément nous ne cesserons pas d'être la grande nation.

Après l'Opéra vient le Théâtre-Français, vrai représentant de l'aristocratie déchue. Lui aussi il eut son orgueil, il traita le public avec hauteur, fier de son origine et de l'opulent héritage qu'il avait recueilli. Sa naissance se perdait dans la nuit des temps; il nommait Molière parmi ses ancêtres; et c'était pour lui qu'avaient été faits tous les chefs-d'œuvre de notre scène. Il était paresseux comme un grand seigneur, il faisait des mécontens comme un ministre. Auteurs et public, tout le monde se plaignait de lui. Ce n'était pas chose facile que d'être admis dans cette société puissante. D'heureuses vocations furent obligées de renoncer à la carrière qui se présentait devant elles, trop hérissée d'humiliations et de dégoûts. Partout, en approchant de ce sanctuaire, on trouvait sur son passage les airs rogues de la livrée qui exagère l'insolence des maîtres. Il était curieux d'entendre comme ce mot important, « la Comédie française » ronflait avec prétention jusque dans la bouche d'un portier. Maintenant il n'en est plus ainsi; les jours de la détresse sont venus. Ce couloir obscur où nous avons tous passé de longues heures, quand la jeunesse donnait de la persévérance à nos désirs, ce couloir n'est plus encombré par la foule des spectateurs. Les marchands de pantoufles peuvent y laisser leur étalage. Les vieilles barricades qui garnissent la façade ne sont qu'un vain simulacre, une petite taquinerie dressée contre l'indifférence des passans. Les gardes municipaux, qui s'y promènent à leur aise, vous inviteraient presque à entrer, si la légende de leurs schakos ne leur imposait pas un peu de respect pour la liberté individuelle. Plus de foule, plus de cohue à la porte. Dans le comité, plus de cabales, plus de jalousies, plus d'exclusions. Au contraire, c'est à qui se retirera de cette compagnie, où l'on ne reste plus que par dévouement, que par un culte généreux de la splendeur passée, ou bien par arrêt de la cour. Qu'ils viennent maintenant les comédiens repoussés de la scène française; la place est libre, on les attend. Mais ils sont occupés à fredonner le vaudeville, à mugir le mélodrame. Ils ont brûlé leurs titres de noblesse; ils se sont faits peuple pour vivre. Ils ont désappris la langue de Molière et l'harmonie de Racine. Ils ont quitté le pallium et l'habit brodé pour la veste et les guenilles. Faute de mieux, le Théâtre-Français a voulu essayer du nouveau, du nouveau comme on le fait quand le temps manque, quand l'avenir est incertain, quand on ne sait à quel goût s'adresser, quel caprice même on peut satisfaire. Il a hasardé la pièce de circonstance, la bluette licencieuse, le drame politique; mais, enchaîné comme il l'était par ses vieilles habitudes, on ne l'a pas trouvé assez sale, assez honteux; il ne savait pas se vautrer comme on se vautre aux boulevards. Il marchait dans la boue sur la pointe du pied. Il a donc fallu revenir à sa nature, recourir à de vieux talens que le public avait aimés, et rappeler ainsi à ceux qui n'ont ni la mémoire indiscrète, ni la vue trop bonne, une faible illusion de ses beaux jours. Enfin, le voilà rentré de plein saut dans la tragédie; c'est presque une restauration.

Plus malheureux encore a été le sort de l'Opéra-Comique, autrefois si couru, si brillant, maintenant obligé de se loger à l'étroit, de se faire petit et mesquin pour ne pas perdre sa part de la subvention. Et pourtant ce spectacle était bien approprié à nos goûts, à nos mœurs, à cette passion modérée que nous portons dans les arts. De la musique, pas assez pour amener l'ennui, pour fatiguer nos faibles cerveaux, tout juste ce qu'il fallait pour amuser nos oreilles, pour fournir un exercice agréable à nos chanteurs de salons, et se conserver encore assez bien sur l'orgue de Barbarie. Avec cela, un joli petit dialogue bourgeois, de gentilles pièces sans grand effort d'intrigue et sans recherche d'effets, un drame dont on sortait l'esprit calme, le cœur épanoui, la tête libre, et qui ne faisait pas tort au sommeil. D'où lui est donc venue son infortune, cette préférence d'abandon? De cela, je crois, qu'il a voulu faire le savant dans un art que ses habitués ne se souciaient pas d'étudier avec lui. Le voisinage de l'Opéra-Italien l'a trompé. Il n'a pas vu que c'était là un théâtre d'exception, où s'était acclimaté un enthousiasme d'autant plus vif qu'il se trouvait moins répandu, un théâtre qui n'avait pas besoin de se recruter chaque soir par des spectateurs empruntés aux différens quartiers de la ville, sûr de retrouver dans ses loges, à son balcon et dans son orchestre, sa société choisie, son petit nombre de fidèles, je dirais presque, sa congrégation assermentée. L'Opéra-Comique a voulu faire des avances aux dilettanti; les dilettanti ne lui ont pas répondu; on ne se dérange pas comme cela de sa foi, de son culte, de son extase. Et, pendant ce temps-là, les vrais amateurs de la musette française avaient oublié le chemin de la salle, aujourd'hui déserte, où elle se faisait entendre sur un ton plus ambitieux. Je sais bien qu'un honorable député, faisant à la tribune un cours d'art dramatique, a traité le vieil opéra-comique de « genre faux » et bâtard, où la moitié du temps l'on chante, » où l'autre moitié l'on parle, où toujours l'on » déraisonne » ; notez bien que ce dernier reproche pourrait s'appliquer également aux lieux où l'on ne fait que parler. Mais, malgré cette critique dédaigneuse et venue de si haut, il n'en faut pas moins reconnaître que ce genre, quel qu'il soit, a constamment obtenu la vogue parmi nous, tant qu'il s'est renfermé dans ses limites, qui pourraient bien être celles de notre intelligence musicale. Tant mieux pour ceux qui sont plus complètement organisés ; mais on ne fait pas un dilettante du jour au lendemain, comme on fait un homme d'état.

Il ne faut plus désormais parler de l'Odéon, de ce théâtre indispensable, réclamé depuis soixante années avec tant de persistance et de si bonnes raisons, comme un débouché par où devait s'écouler le trop plein de notre fortune littéraire, l'excédant de la production intellectuelle. En vain il a pu renaître deux fois de ses cendres; en vain il a emprunté tour à tour à l'Allemagne ses opéras, au boulevard ses acteurs et ses drames, au Vaudeville ses flonflons, à la ménagerie ses animaux; après avoir commencé par Corneille, il a fini par un éléphant. Mais tous ces essais n'ont pu le sauver et le maintenir sur la liste des théâtres vivans. Aujourd'hui, s'il n'est pas détruit, transformé en magasin de fourrages, en église française ou en salle de collége électoral; s'il surprend quelquefois, le soir, par son éclairage inattendu, l'étranger qui s'égare dans ce quartier lointain, ce n'est là qu'une existence factice, capricieuse, accidentelle, créée uniquement pour qu'on n'ait pas quelque chose à rendre sur le budget, ce qui serait d'un mauvais exemple. Rien de ce qu'il montre n'est à lui. Pièces, acteurs, musiciens, choristes, lui arrivent du dehors, tantôt du Palais-Royal, tantôt de la place de la Bourse, en tapissière ou en Omnibus, à la charge par l'entrepositaire de rendre le tout en bon état, applaudi ou sifflé, avant minuit, avec la recette, s'il y en a. Je vous avertis que cette idée-là vient d'un ministre. Aussi, ne manque-t-elle pas de ressemblance avec ce qu'on appelle combinaison politique.

A présent nous entrons dans une confusion, dans un chaos, où il n'est pas facile de se retrouver. Entre les théâtres qu'on appelle royaux, la main qui répartit les secours conserve encore quelques distinctions et une apparence d'ordre légal. La trace des différentes destinations attribuées à l'un ou à l'autre ne s'est pas tout à fait perdue, malgré quelques petites usurpations auxquelles le besoin a pu servir d'excuse. Après eux la liberté commence, non pas avec cette mesure réglée et définie, dont on connaît exactement l'étendue et les bornes, mais comme chacun s'avise de la prendre quand il croit n'avoir plus rien à craindre. Peut-on établir des théâtres sans permission, où l'on veut, tant que l'on veut? suffit-il de se mettre en règle avec la voirie? peut-on exploiter à sa fantaisie tous les genres, depuis l'opéra jusqu'à la farce? peut-on s'emparer partout de ce vieux répertoire, dont certains théâtres avaient autrefois le monopole? l'autorité peut-elle empêcher la représentation d'une pièce avant d'en avoir fait l'épreuve sur le public, et sans que le tort soit constaté? Le peut-elle après, sans faire juger le délit par les tribunaux? A-t-elle le droit de fermer un théâtre par mesure de justice administrative? Toutes questions auxquelles je défierais le plus habile jurisconsulte de donner une solution, et qu'on se contente de trancher chaque jour, d'un côté par le fait et la possession hardie, de l'autre par la force et par des coups-d'état au petit pied. Pour ce qui est des lois, aucune partie de l'organisation publique n'en a moins, car nulle ne peut en citer davantage. Toute la législation de la république, de l'empire, de la restauration, avec ses bigarrures, ses contradictions, ses incompatibilités, se trouve là en magasin, soigneusement ployée, avec la Charte par-dessus en guise de serre-papier. En attendant l'occasion d'en tirer quelque chose, on marche, on laisse marcher, sauf à faire de la répression, si le cas semble l'exiger, avec une compagnie de la garde municipale.

Pourtant sur ce terrain de la liberté, où tous les jours apparaissent de nouvelles créations avec des figures indécises, on peut séparer encore les théâtres où le vaudeville est domicilié, maître du logis, de ceux où il ne se présente que comme un modeste accolyte, un frère-servant du mélodrame. Le vaudeville est né Français; à lui le pas. Parmi ceux qui se rangent sous ses enseignes, vous trouvez d'abord le vieux théâtre de la rue de Chartres, l'héritier du nom, des armes et de la devise. Il faut bien qu'en fait de spectacles, du moins, l'ancienneté ne soit pas chose méprisable. Car voilà, certes, de toutes les salles qui s'ouvrent dans Paris, la plus laide, la plus incommode; on y arrive par un cloaque; on ne sait comment en sortir; on s'étouffe, on se heurte dans ses étroits corridors dont le plancher s'ébranle sous un pas d'homme. Eh bien! cette bicoque, qui compte plus de quarante années d'existence, restaurée, comme elle peut l'être, avec de la peinture et du papier, tient toujours tête à ses jeunes rivaux, malgré tous leurs frais d'architecture. Il ne lui faut qu'un rien, quelquefois moins qu'un rien, un drame en trois actes par exemple, pour ramener le public sous sa voûte bizarre, pour l'emprisonner dans les compartimens irréguliers de ses quatre étages; pendant que les Nouveautés, établies pour sa ruine, au centre du mouvement et de la fortune, ont fait honteusement faillite. L'argent leur a manqué en face de la Bourse! Avec lui marchent, dans une ligne à peu près semblable, les Variétés, si riches de gais souvenirs, où l'on rit encore par habitude, de ce rire franc et naturel qui fait tant de bien au cœur et dont nous avons plus besoin que jamais; le Gymnase, nouveau venu de quinze ans, qui a eu le bon esprit de ne pas vouloir ressembler tout à fait à ses prédécesseurs, mais dont le succès tout entier semble reposer sur la tête d'un homme de talent qui s'est fait théâtre; enfin la jeune colonie du drame chantant qui vient de s'établir au Palais-Royal, et à laquelle je voudrais du bien si ses vendeurs de contremarques étaient moins importuns pour les passans. Ne croyez pourtant pas que ce soit là tout le domaine du vaudeville. En quelque quartier que vous alliez, vous le trouverez sur vos pas. Il s'est installé au boulevard sur les ruines de l'Ambigu incendié. Vous le croyez empaqueté, du moins, dans la rue Saint-

Martin sous les scellés dn théâtre Molière, et voilà que vous le retrouvez au quartier Saint-Jacques, prenant ses ébats dans une église, dont on ne s'est pas même occupé de dissimuler la forme, dont on a conservé les murs noircis, les ogives et les vitraux; profanation de l'art en même temps que de la croyance. Il s'est mis à son aise chez Bobineau; il a fait disparaître les chevalets et la corde tendue de madame Saqui; il a disputé à Deburau lui-même les planches des Funambules; il a forcé le Petit-Lazary à lui céder le tréteau de ses mécaniques. Car tous ces lieux que je vous ai nommés, et dont peut-être vous ne connaissez qu'un seul, par ouï-dire encore, sur la foi d'un écrivain spirituel qui a voulu jeter dans le monde une renommée de sa façon, tous ces lieux, dis-je, sont maintenant des théâtres, des théâtres à bon marché, qui ont leur scène, leurs décors, leurs costumes, leur rideau, leur orchestre, leur répertoire, leurs acteurs; et ces acteurs ont un nom, qu'on imprime chaque matin sur l'affiche comme celui d'Arnal ou d'Odry. Ils récitent le dialogue, ils chantent le couplet, ils ne craignent pas même de toucher à nos chefs-d'œuvre. Pour quatre sous, quand vous voudrez, on vous fera voir Tartuffe; mais je vous avertis que cela ne vaudra pas la Mère-l'Oie.

Ces derniers arrivés s'élèvent bien aussi quelquefois jusqu'au mélodrame. Mais l'espace et les moyens leur manquent. Ils sont obligés d'en rétrécir les proportions. C'est à la Gaîté, à l'Ambigu, à la Porte-Saint-Martin surtout, que le crime a ses coudées franches, qu'on vous déploie magnifiquement dans ses accidens variés toute une vie de scélérat. C'est là aussi que la concurrence est active et profitable, qu'il se fait un assaut continuel d'horreurs, d'atrocités, de conceptions hideuses, chacun voulant toujours renchérir sur son voisin. De là tous ces drames bizarres, désordonnés, fébriles, ces cauchemars arrangés à plaisir, ces effrayantes nudités de mœurs, ces monstruosités du cœur humain, ce cynisme de tableaux, où se joue le talent de quelques auteurs, et qu'un public froid, impassible et ricaneur prend tout simplement comme on les lui donne, pour l'exécution heureuse d'une gageure. Ils ont beau faire pourtant, ils auront épuisé tout leur magasin de corruption et de perversité, avant d'arriver à l'immense popularité de ce Cirque-Olympique qui vit depuis si long-temps sur notre patriotisme et nos sympathies nationales. Là, il n'est pas besoin de disposer avec art les ressorts d'une action; il suffit qu'après deux ou trois heures de conversations, d'entrées, de sorties, de cavalcades, de mousquetades, un grand combat général se termine par la victoire des Français ou d'une nation amie, par la déroute des Autrichiens, des Cosaques ou des Espagnols. Pour peu qu'avec cela les décorations soient belles, les changemens multipliés, les mouvemens rapides, les effets de théâtre bruyans, le tintamarre soutenu, en voilà pour cent représentations.

Est-ce assez de théâtres maintenant? Assez pour vous sans doute qui pouvez choisir, trop pour moi qui ai voulu du moins, vous les nommer, et qui allais oublier le spectacle de l'enfance, ces petits acteurs du passage Choiseul, que je préférerais, pour leur bien, savoir en apprentissage chez un honnête artisan. Et pourtant ce n'est pas tout; car aux portes de la ville sont embusqués les frères Séveste, avec les détachemens de leur troupe nomade qui se croisent de Belleville à Montmartre, des Thermes au Mont-Parnasse, appelant hors barrière la population des faubourgs, par l'attrait d'un plaisir de plus qui n'aura pas payé l'entrée. Et tous ces établissemens-là peuvent-ils exister ensemble, demandez-vous? Je vous assure qu'aucun d'eux n'a jamais songé à poser la question ainsi. Ce qu'il y a de certain, c'est que Paris deux fois plus peuplé, dix fois plus riche, vingt fois plus tranquille, ne suffirait pas à défrayer tout ce qui s'offre pour l'amuser. Il y aura donc des mécomptes, des désastres, des infortunes; tous le savent, mais chacun espère survivre. C'est ainsi qu'on entend aujourd'hui l'industrie. Cependant ne craignez pas que l'art périsse, que le goût du spectacle se perde. Il ne s'agit que d'un moment à passer, moment d'inquiétude, d'indifférence et d'ennui, pendant lequel il est bon que le drame moderne jette sa gourme en quelque sorte, et se purge de ses folies. Après quoi l'instinct du profit lui annoncera que le public veut sérieusement retourner à ses plaisirs, et il se mettra en posture honnête pour le recevoir. Je ne vous demande pas pour cela plus de temps que nous n'en mettons d'ordinaire à changer d'affections et de systèmes politiques. Vous voyez que ce ne sera pas long.

LES BOULEVARDS.

CHAPITRE XIX.

Voulez-vous connaître Paris, ses habitudes, ses goûts, le caractère particulier de la vie qu'il s'est faite, et cela en peu de temps, à peu de frais, sans aucune peine, comme on aime à tout savoir aujourd'hui? Je vous dirai : Ne vous fatiguez pas à parcourir les différens quartiers où sa population s'est distribuée, à visiter ses monumens et ses établissemens publics dont il ne se soucie guères, à fréquenter assiduement toutes les maisons qui peuvent vous être ouvertes, et ces lieux d'un plus facile accès où l'on se rassemble pour chercher en commun le gain ou le plaisir. Vous auriez vu cette foule de belles choses que les indicateurs signaient à votre curiorité dans leur longue nomenclature; vous auriez usé le crédit de vingt recommandations qui sont lettres de change payables en dîners; vous auriez assisté aux audiences des tribunaux, à la cohue de la Bourse, aux séances des sourds-muets et des députés, aux bals de la cour et aux concerts de bienfaisance, que vous pourriez bien n'avoir rien compris au mouvement de la capitale, et remporter les idées les plus inexactes sur la physionomie morale de ses habitans. C'est que le Parisien ne se montre pas avec sa véritable attitude, avec sa figure distinctive, là où il est courbé pour le travail, enchaîné par un devoir, dominé par quelque passion, mis à la gêne par des intérêts, des convenances ou des règles d'étiquette. L'atmosphère des salons, des ateliers, des comptoirs, des assemblées, des théâtres, l'étouffe, l'abrutit, l'asphyxie en quelque sorte; et voilà peut-être pourquoi il réussit assez mal aux choses qui se délibèrent sous un toit de verre ou d'ardoise. Il ne se retrouve complet que lorsqu'il vit à l'air, non pas toutefois comme l'heureux habitant des pays chauds, qui s'épanouit immobile et rêveur dans la contemplation d'un beau ciel, mais lorsqu'il peut, entre deux averses, promener son loisir à travers la foule, s'agitant à ne rien faire, regardant, regardé, heurtant, heurté, saluant, salué, et satisfait de n'avoir pas perdu sa journée s'il a rencontré plusieurs visages de connaissance et ramassé quelques nouvelles sur son chemin.

Cette vie extérieure, ce monde en plein vent, ce commerce de regards, de propos, de complimens échangés au passage, cette sociabilité ambulante, est surtout ce qui caractérise notre grande ville, et ce qui en fait le principal agrément. Ailleurs comme ici, on sait se réunir entre quatre murailles lambrissées, à la lueur des bougies, avec des apprêts de toilette, et la résolution d'avance concertée d'employer les heures de la soirée à faire des révérences, à tournoyer sur un parquet, à causer, à médire, à manier des cartes, à répéter par fragmens le journal du matin, et à prendre du thé. Ailleurs aussi, on s'entasse pour son argent dans des salles plus ou moins vastes, bien ou mal ornées, où l'on vient se montrer l'un à l'autre sous le prétexte d'écouter des chants, des tirades et des quolibets. Toutes les capitales de l'Europe, tous les chefs-lieux de province ont leurs palais, leurs guinguettes, leurs théâtres, leurs marchés, leur jardin des plantes et leur académie. Mais ce qu'on ne voit qu'à Paris, c'est une population immense, à toute heure répandue sur le pavé, circulant sans hâte et sans préoccupation, se servant à elle-même d'amusement et de spectacle, tourbillonnant sans cesse dans un espace convenu où tous les rangs se confondent, où toutes les fortunes se coudoient, où l'égalité n'admet d'autre différence que celle de l'embonpoint, où la loi de l'incognito est toujours respectée, jouissance permise à chacun, qui fournit aux plus oisifs un passe-temps sans effort d'esprit ou de dépense, aux plus occupés une distraction de tous les momens.

Or, il existe un lieu merveilleusement propre à cet usage que le Parisien fait de sa liberté, à ce continuel besoin de mouvement et de pêle-mêle qui le pousse hors de son logis, qui lui fait abandonner plusieurs fois par jour toutes les aises de sa demeure, qui le ramène de la campagne après une courte absence, comme s'il craignait déjà d'être oublié. En vain lui ouvririez-vous la plus belle promenade du monde, entourée de grilles, ombragée d'arbres épais, ornée de statues bien décentes, gardée par des soldats qui en interdisent l'entrée aux chiens, aux porteurs de fardeaux et aux gens mal-vêtus. Ce n'est pas là que vous l'amènerez; car il n'affiche pas à ce point le désœuvrement; il ne se permet guères les Tuileries que les dimanches. Mais il n'est pas d'homme si affairé, si étroitement obligé à rendre compte de son temps, qui ne trouve le moyen de prendre sur ses occupations de quoi faire un tour de boulevard. Aussi, peut-on dire que tout le gai loisir de la cité est renfermé dans cette ligne irrégulière qui s'étend depuis le monument inachevé de la Madeleine jusqu'au monument projeté de la Bastille; deux limites portant empreint sur leurs pierres d'attente le cachet de notre siècle, et au-delà desquelles sont placées les extrémités de la vie sociale; d'un côté, le travail avec ses longues peines, ses joies brutales et les inquiétudes dont on le tourmente; de l'autre, le luxe qui s'endort trop facilement, par un temps comme le nôtre, dans sa voluptueuse imprévoyance. A voir les contours que décrit cette chaussée grisâtre, bordée de deux allées et encaissée entre deux rives de maisons, vous diriez une autre Seine qui charrie des hommes, recevant et déchargeant ses flots de distance en distance par des affluens et des canaux nombreux. Ce n'est pas précisément une promenade, puisqu'on y est affranchi de la consigne. Ce n'est pas tout à fait une rue, puisqu'on y est rarement éclaboussé, et que plus de deux piétons peuvent y marcher de front sans se bousculer; c'est tout juste ce qu'il faut pour que des gens qui aiment la foule et le bruit se portent naturellement vers un même point sans paraître se chercher; les uns s'y rendant tout droit, y faisant long séjour, étalant aux yeux des passans leur béante oisiveté, les autres ayant un but dont ils se détournent, prenant pour arriver à leurs affaires ce chemin, le plus long, que chacun de nous connaît si bien, et dont la tradition ne s'est pas perdue depuis Lafontaine; tous, lorsqu'ils ont touché cet heureux terrain par quelqu'une de ses issues, marchant d'un pas plus lent, affectant l'air inoccupé, s'arrêtant aux mille objets de curiosité dont la route est semée, et s'en détachant avec regret. En toute autre partie de la ville, vous pourriez vous croire à Londres, à Vienne, à Lyon, à Bordeaux; sur les boulevards, vous êtes sûr d'être à Paris.

C'est pourquoi j'ai entendu de bonnes gens demander quelle main habile avait tracé ce large cordon qui se déploie, toujours onduleux et varié, dans une étendue de plus d'une lieue; quel crayon intelligent avait dessiné sur un sol inégal cet espace si bien préparé pour nos goûts et nos besoins, enceinte et centre en même temps, communication et point de ralliement, que l'on suit, que l'on traverse, où l'on passe, où l'on va, d'où l'on vient, toutes choses importantes dans notre existence de Parisiens, et qui là se trouvent admirablement réunies. Hélas! c'est comme si, rencontrant quelque part (je serais fort embarrassé de dire où), un peuple gouverné par ses vieilles mœurs et ses coutumes patrimoniales, dans la surprise que vous causerait un bonheur si facile et si ingénu, vous alliez demander quelle plume lui a écrit ses lois. Les architectes et les législateurs ne font pas de ces miracles-là. Les uns et les autres sauront vous tirer une constitution ou bien une rue au cordeau, en faisant abattre tout ce qui gênerait leur alignement et leur perspective, sans s'inquiéter des ruines et des masures qu'ils laisseront autour de leur ouvrage. Pour ne rien dire ici des chartes, examinez seulement ce beau projet dont on vous a parlé, d'une voie spacieuse qui s'ouvrirait devant le Louvre et se dirigerait vers l'Hôtel-de-Ville, tout droit à la rencontre du dernier emprunt. Voilà qui est de l'homme; voilà qui est imagination des ponts-et-chaussées. Il en coûterait beaucoup d'argent d'abord, puis le sacrifice d'un monument précieux; mais on aurait gagné une belle surface de pavé, sur les bords de laquelle on verrait long-temps des palissades, des décombres et des abîmes, en attendant les constructions et les écriteaux. Ce n'est pas ainsi qu'ont été faits les boulevards. Ils sont le produit des siècles, l'œuvre progressive de la cité elle-même, qui s'est agrandie autour de son ancienne clôture. Il est heureusement arrivé qu'un beau jour les Parisiens crurent avoir l'ennemi, je veux dire l'étranger, à leurs portes. C'était une de ces peurs comme il est bon de leur en donner parfois quand on veut tirer d'eux quelque secours. L'empereur Charles-Quint avait mandé au comte de Nassau : « Que, de par Dieu » ou par le Diable, il lui tînt la promesse d'aller » droit à Paris, » et aussitôt les bourgeois s'étaient mis à se fortifier avec leur zèle ordinaire. Sur seize mille ouvriers commandés pour cette besogne, les magistrats du parlement, à qui l'état de siége ne faisait pas du moins abdiquer leur office, en trouvèrent près de trois mille occupés à creuser des fossés, à élever des remparts. La peur se dissipa bien vite, le travail resta fait, et les Parisiens allèrent prendre leurs ébats sur la place où ils avaient dû combattre. Il ne faut pas croire pourtant que ce lieu fût sans nom, avant qu'il plût aux écoliers, aux rentiers et aux invalides du temps, de faire rouler des boules sur le tapis verdoyant dont il s'était couvert. Cette étymologie, donnée au mot *boulevard*, n'est rien qu'une petite mystification, une de ces découvertes facétieuses que Voltaire, à ses momens perdus, se donnait le plaisir de lancer dans le public, certain d'être cru sur parole et, qui plus est, copié. Il pouvait être alors piquant pour un homme d'esprit de mettre en circulation une sottise; les journaux nous ont blasés là-dessus.

Les boulevards, qui reçurent leur nom de la langue militaire et non pas de celle des badauds, restèrent donc dans cette forme jusques vers la fin du dix-septième siècle, époque à laquelle des lettres, signées Colbert, ordonnèrent aux échevins d'y planter des arbres, tant pour la décoration de la ville que pour procurer des promenades aux bourgeois et habitans d'icelle. Dès-lors, ils devinrent un de ces lieux où, suivant Labruyère, « on se donne un rendez-vous pu- » blic, mais fort exact, pour se regarder au vi- » sage et se désapprouver les uns les autres. C'é- » tait là, dit-il encore, que l'on était assuré de » voir, sur un strapontin, ce même homme, par- » tout si connu, ce visage si familier, qu'on avait » rencontré déjà dans la grande allée des Tui- » leries, au balcon de la comédie, au sermon, » au bal, aux exécutions, aux feux de joie, cette » figure enfin qui représentait le peuple dans » les almanachs »; personnage encore existant, sorte de juif-errant qui ne meurt ni ne se repose, qui survit aux révolutions, qui reparaît après l'émeute, dont les années qui s'écoulent ne font que changer le costume; et que vous retrouverez aujourd'hui barbu, raisonneur, et fumant devant le perron de Tortoni. A mesure que les arbres grandirent, les habitations se rapprochèrent du lieu où s'entassait la foule; des marais, des fossés se convertirent en jardins qui s'ouvraient sur le cours, et mêlaient leur verdure à celle des ormes municipaux. L'industrie des plaisirs y vint offrir ses produits et ses créations frivoles à l'oisiveté qui les cherchait. Au bout d'un siècle encore, la chaussée du milieu fut pavée; un poète nous a peint, en vers imitatifs, les ouvriers qu'on voyait

De cette belle route, à grands coups de massue,
En cailloux incrustés parqueter l'étendue.

La nuit, des lanternes s'y balancèrent; la poussière y fut abattue par la pluie factice qu'un entrepreneur se chargeait de verser, et Voltaire, plus heureux en poésie qu'en recherches philologiques, put nous montrer son Pauvre Diable

> Qui conduisait sa Laïs triomphante,
> Les soirs d'été, dans la lice éclatante
> De ce rempart, asyle des amours,
> Par Outrequin rafraîchi tous les jours.

Ce fut alors le beau temps des boulevards, temps d'ivresse et de joyeux délire, où l'on semblait vouloir épuiser toutes les sortes de voluptés et de folies, avant d'arriver aux jours de crime et de douleurs. Rien n'y manquait pour satisfaire ce goût effréné d'amusement où s'étourdissait une société menacée de si près. Là se trouvaient le gai scandale, le désordre élégant, le luxe qui éblouit et qui offense. De somptueux équipages venaient chaque soir livrer à la curiosité de la foule ces mœurs libres et légères, cette dissipation insouciante, ces vices dédaigneux du mystère, et se croyant au-dessus du blâme, qu'elle savait déjà censurer, et dont elle devait plus tard demander un compte trop sévère. Et pourtant, ce monde qui avait l'odieux privilége des jouissances sociales, ce monde heureux et poli Consentait volontiers à déroger pour le plaisir. Comme si les divertissemens à sa portée lui eussent manqué, il allait s'asseoir à ceux du peuple, partager son rire grossier, se réjouir de ses farces, de ses parades, de ses saltimbanques, de ce Jeannot surtout, niais patriarche, qui a laissé dans le vaudeville une si nombreuse postérité. Et puis chacun prenait sa place dans des cafés brillans, autres lieux de rapprochement, de mélange et d'égalité, pour y entendre de la musique, des instrumens, des bouffons, des chanteurs. Car la musique ne courait pas encore les rues; comme il fallait la chercher, on pouvait l'éviter aussi; la misère ne demandait pas l'aumône avec un quatuor, et la faim ne se faisait pas accompagner d'un orchestre. C'était donc une sensualité de plus parmi tous les enchantemens rassemblés dans cette partie éloignée des boulevards, dont l'éclat et le bruit s'éteignaient, comme par un triste pressentiment, en s'approchant de la Bastille.

Nous avons revu, à différentes époques, quelques réminiscences de ces riantes saturnales. C'est par là que se sont presque toujours signalés ces accidens de bonheur qui arrivent fréquemment dans notre société mobile, et que nous appelons tour à tour réaction, délivrance, restauration, affranchissement. Chaque fois que la nation a brisé ses chaînes, secoué le joug affreux qui l'accablait et recouvré sa dignité, sorte de satisfaction qu'on lui procure de temps en temps, ces nouvelles expériences faites dans la politique ont réveillé en même temps parmi nous une ardeur immodérée de plaisir, dont les boulevards ont profité. Mais, à travers tant de changemens, l'esprit du siècle a porté, là comme partout, son caractère industriel, ses recherches de profit, et la sécheresse de son art, voué tout entier à la spéculation. D'abord les jardins ont disparu; l'inévitable maison à cinq étages, avec sa façade aplatie, ses fenêtres étroites et serrées, son maigre balcon et ses boutiques, est venue couvrir la place où les regards se reposaient sur des bosquets et sur des fleurs. Quand l'espace a manqué pour bâtir, les échoppes ont trouvé moyen de s'abriter sous une terrasse, de s'adosser contre un mur, de masquer un rez-de-chaussée. Ne cherchez plus « les somptueux » édifices, les hôtels élégans, les parterres » à l'anglaise, les pavillons à la grecque, » qui formaient autrefois, le long de la route, une si riche bordure. Tout cela est remplacé par des magasins, des cafés et des étalages. De ces anciennes habitations, qui annonçaient une certaine consistance dans les fortunes et quelque chose de noble dans la vanité, il ne nous reste plus, comme témoignage du temps passé, qu'un jardin simple et gracieux, sauvé de la destruction par le goût éclairé d'un homme de finance, et qui interrompt si agréablement les noirs bâtimens du boulevard Poissonnière. Aussi les mœurs se sont-elles modifiées avec la disposition matérielle des lieux. Ce n'est plus un mouvement capricieux, électrique, qui pousse, à des heures marquées, une population de choix vers l'endroit où on lui a préparé de quoi l'émouvoir et l'amuser. C'est un besoin général et continu de se répandre et de se rassembler, sans autre attrait que la foule, sans autre but pour chacun que de se trouver avec tout le monde. Il en est résulté que l'affluence, au lieu de se concentrer sur une seule partie, s'est disséminée au contraire dans toute la longueur de cette ligne. Chaque quartier s'en est attribué une portion, et l'a marquée de ses goûts particuliers. En telle sorte qu'il est facile de reconnaître toutes les formes de notre civilisation, échelonnées en quelque sorte sur ce terrain, qui forme dans son ensemble l'expression complète de la cité. Vous pouvez, selon votre fantaisie, ou monter ou descendre, en une seule promenade, tous les degrés de l'état social, depuis la condition la plus grossière jusqu'à l'existence la plus perfectionnée. Si vous préférez la direction ascendante, tant mieux : ce sera la marche inverse de notre politique.

Or, vous voilà donc placé, n'importe comment, au bas du faubourg Saint-Antoine, tournant heureusement le dos à ce ridicule colosse de plâtre dont on aurait bien dû, puisqu'on y était, employer les débris à faire des barricades; sur l'emplacement de l'ancienne Bastille, et, au niveau de ce monument qui, chargé d'annoncer à l'avenir les bienfaits d'une double révolution, semble hésiter à sortir de terre. Vous voyez s'étendre devant vous un long segment de la vieille enceinte, solitaire et silencieux comme les promenades les plus fréquentées qui soient à Dijon ou à Nancy. D'un côté, le calme de la retraite; car ce sont les limites du Marais; de l'autre, ce vide qui entoure les lieux où l'indigence est renfermée pour le travail. A votre gauche vous retrouvez encore quelques jardins clos de grilles; à droite, le rempart est resté dans son ancien état, bordé d'un parapet tout prêt encore pour la défense, s'étendant par quatre rangées d'arbres, et soigneusement garni de bancs, parce que c'est le seul endroit où personne ne vient s'asseoir.

Rien n'est plus tranquille en effet que cette partie des boulevards qui, par un contraste singulier, porte le nom de Beaumarchais, de cet homme si remuant, si agité, si ambitieux de bruit, le type le plus complet et le plus heureux du temps où il vécut, puisqu'il fit fortune et scandale. Après avoir parcouru, sans la moindre gêne, cet espace qui vous représente un ordre de société morne, triste et froidement régugulier, vous entrez tout à coup dans la région tumultueuse des plaisirs populaires. Vous êtes sur le boulevard du Temple, que se sont partagé avec une admirable intelligence la tranquille colonie du Marais et les hordes tapageuses du faubourg; la première circulant paisiblement sur son étroite limite, occupant sans conteste ce Cadran-Bleu de vieille renommée, sur lequel on ne tient plus de méchans propos, et ce café Turc qui oppose à toutes les railleries surannées l'agrément de son jardin ; les autres encombrant, sur le bord opposé, une vaste demi-lune, autour de laquelle se rangent les théâtres, les estaminets, les salons de figures, les cabarets et les cafés. Mais là déjà on peut voir ce que la joie du peuple a perdu de naïveté. D'abord vous ne trouverez plus ces tréteaux que la foule entourait jadis, vous n'entendrez plus ce dialogue si plein de franche et naturelle bêtise, ces reparties si plaisantes, qui soulevaient dans l'auditoire une longue explosion de rires. Or, ce changement est venu de haut, je vous en avertis; c'est la tribune qui a tué la parade. Et puis, n'est-ce pas pitié de voir à quel régime de divertissemens le peuple se trouve réduit ! Tous ces spectacles qu'il aimait, qu'il aimerait peut-être encore, si l'on voulait bien lui faire un peu remise de sa dignité au profit de son agrément, les phénomènes, les mécaniques, les sauteurs, les équilibristes, tout cela n'existe plus. Dans ces salles enfumées où il étouffe à bon marché, c'est le vaudeville affadi, c'est le mélodrame déteint qu'on lui fournit. De ce boulevard du Temple qu'avait vu Désaugiers, le joyeux maître de la chanson, il ne reste que ces personnages de cire qui représentent si fidèlement le héros du jour et le criminel de la veille. Partout ailleurs on ne trouve qu'une imitation mesquine de l'assassinat tel qu'il se pratique à la Porte-Saint-Martin, ou du couplet tel qu'il se débite aux Variétés. Aussi les habitués de ce lieu préfèrent-ils, et avec grande raison, le cabaret, la tabagie, ou la bière qui se consomme sous l'auspice d'un calembourg, devant le café de *l'épi-scié*. Le mal est qu'à côté de ces hommes qui se reposent honnêtement de leur labeur, et assaisonnent de quelque amusement l'instant de loisir qu'ils ont si bien gagné, vous êtes sûr de trouver là, du matin jusqu'au soir, vivant dans un désœuvrement inexplicable, toute la clientelle de la police, tout le cortége de l'ovation et le personnel de l'émeute, des figures hideuses de vice et non de misère, qui vous forcent à vous demander en ce moment de quoi les prisons peuvent être remplies.

Il y a plus d'innocence dans les jeux portatifs qui forment des groupes aux environs du Château-d'Eau. C'est l'escamoteur classique qui vend pour un sou, à son assistance, le passé, le présent et l'avenir, rien que cela, et un pot d'onguent noir pour les cors par-dessus le marché. C'est la tête du turc s'enfonçant sous le poing d'un vigoureux gaillard, qui apprend ainsi ce que vaut sa colère. C'est la loterie qui distribue aux gagnans des gâteaux poudreux, dont les mises ont payé six fois la valeur; imitation réduite de l'industrie administrative. Et, tout en allant ainsi, vous arrivez à un état de société plus policé, vers lequel le nivellement qu'on vient d'opérer entre les deux monumens élevés à Louis XIV, vous servira de transition. Vous voici sur le domaine de la bourgeoisie modeste, où se font les petites emplètes, où l'on ne trouve pas encore de chaises, où l'on n'avoue pas tout à fait la volonté de perdre le temps. La civilisation raffinée, l'oisiveté délicate vous attendent au boulevard Montmartre, mêlées avec le flot des passans. Elle s'épure ensuite, elle se réduit à un petit nombre d'élus, à une société choisie d'heureux fainéans, que l'on trouve plantés tout le jour, depuis la rue Lepelletier jusqu'à celle du Helder. Ceux-là sont comme les tenans du brillant carrousel que la mode a établi dans ce lieu de prédilection. Ils en font les honneurs à leur manière, occupant tout le terrain, et barrant le passage aux promeneurs; car ils sont là chez eux, entre eux, sans façon. C'est de là qu'on part pour faire une excursion au bois de Boulogne, là qu'on revient, tout couvert de poussière, raconter le succès d'un pari. Dans ce rayon de quelques toises se trouve ramassé tout ce qu'il y a d'élégance, de recherche, de bonheur dans le monde parisien. L'Opéra d'abord, relégué dans l'alignement d'une rue, par suite de cette tradition ridicule qui interdit le boulevard aux théâtres de premier ordre; l'Opéra-Italien qui, pour la même cause, tourne piteusement le dos à son public, et s'honore de faire face à un cloaque; le café Anglais, les salons de Riche et de Hardy, qui rendent au dîner son véritable caractère; le café de Paris si brillant de luxe, si heureux de position, si noble et si beau, lorsque, par une riante soirée d'été, il éclaire majestueusement la foule rangée à ses pieds, et s'élève comme une décoration magique sur un parterre de toilettes élégantes; le café de Tortoni enfin, la révélation la plus piquante de nos goûts et de nos habitudes; joli, étroit, petit réduit toujours plein, mais changeant vingt fois par jour d'attribution et de spécialité; le matin, avant-scène de la Bourse, n'entendant parler que de primes, reports et fin-courant; plus tard encombré de gourmets qu'attire la coquetterie de son buffet succulent, ensuite assiégé par les fashionables, puis par les politiques; où se heurte sans cesse le dandy avec le spéculateur, où se croisent les nouvelles qui ont agi sur les fonds et les fadaises débitées au comptoir; et enfin, quand la nuit est venue, envahi par les femmes qui en prennent possession comme d'une place conquise sur le privilége du sexe législateur. Après cela, le mouvement et le bruit cessent tout à coup, quand vous êtes arrivé à la rue du Mont-Blanc. La circulation se détourne par la rue de la Paix. Vous entrez dans le repos, mais dans le repos de l'opulence et du bien-être domestique. Vous ne trouvez plus ni restaurateurs, ni cafés; quelques boutiques seulement établies pour le service du voisinage; les voitures passent avec rapidité pour se rendre à leur destination. Le séjour du comfortable a commencé.

Outre ces nuances diverses qui distinguent les différens quartiers des boulevards, vous y trouverez encore des moeurs générales fidèlement conservées. Nulle part on n'est plus à l'abri de cet empressement persécuteur qui s'attache aux pas des personnes remarquables par leur figure ou leur costume. Nulle part aussi une réputation, quelle qu'elle soit, n'occupe moins de place, et n'échappe plus facilement aux regards. Il semble que chacun, en arrivant là, se soit imposé la condition de voir tout le monde et de ne faire attention à personne. Tel homme, dont le nom a rempli tous les journaux du matin, se promènera impunément, au milieu de mille individus qui se disputent à son profit ou à ses dépens, sans être incommodé de sa célébrité. Son nom, prononcé par quelques passans, ne causera pas la plus légère rumeur, et ne dérangera pas un désœuvré de sa route. On dirait que, sur ce terrain neutre, il y a une trève convenue, entre les haines et les admirations des partis, qui permet à leurs héros d'y prendre l'air comme de simples hommes.

Cependant les boulevards ne manquent pas d'une certaine importance politique. Comme ils offrent un vaste développement aux cortéges, et un emplacement favorable pour de nombreux spectateurs, la commodité du lieu les a consacrés aux actions d'apparat, aux manifestations solennelles de joie et de douleur. Un convoi funèbre ne serait pas complet, son effet serait perdu, si les restes d'un illustre défunt marchaient silencieusement, par la voie la plus directe, vers cet enclos de la mort, qui doit s'étonner de voir arriver dans ses murs l'attirail de l'ambition. Il faut à toute force que les regrets aient de l'espace pour s'étendre, de la distance pour se compter; il faut qu'un cadavre promis à l'éternel repos, avant de recevoir la couche de terre qu'il ne soulèvera plus, soit traîné, tiraillé, cahoté, dans un long et pénible voyage; que les larmes d'un fils soient livrées en spectacle à des milliers de curieux. Tout cela pour que chacun puisse venir étaler ses sympathies obscures et produire en public sa figure inconnue, à la suite d'une pompe officiellement apprêtée, marchant avec fanfares, parure de fête et sergens de ville; ou bien se précipiter en tumulte, hurlant l'affliction et vociférant le respect, autour d'un corps inanimé qui roule lentement dans la boue de l'émeute. Les boulevards, qui avaient déjà les folles joies du carnaval à porter, ont donc reçu de nos jours une nouvelle destination; ils sont devenus la voie funéraire des célébrités contemporaines.

Mais ils sont aussi la voie triomphale que parcourent les conquérans et les victorieux. Ils servent de théâtre à la représentation publique des cérémonies qui constatent un fait accompli, une révolution opérée, un succès qu'on proclame, sûr d'obtenir l'assentiment général et de rallier toutes les voix, dès qu'il s'est emparé de la chaussée. Là, ont défilé tour à tour, suivis d'une nombreuse escorte et au milieu des acclamations unanimes, les vainqueurs de toutes les époques, les rois issus de la légitimité ou sortis de l'insurrection. Là, chaque parti qui s'élève ou se redresse vient faire ratifier ses œuvres par l'enthousiasme des fenêtres et l'approbation des contr'allées. Aussi la location des croisées, des balcons et des terrasses, pour ces solennités, est-elle une excellente branche de revenu, depuis qu'on se donne si souvent le plaisir de voir passer les gouvernemens.

LA PLACE ROYALE

ET LE PALAIS-ROYAL.

CHAPITRE XX.

Ne croyez pas que je veuille vous servir ici le ragoût d'un contraste, comme dirait Trissotin, le Trissotin d'autrefois. Le contraste n'est certainement pas chose si rare à Paris qu'il faille, pour en rapprocher les deux parties, faire une course de tricycle. On le trouve en tous lieux dans cette grande ville. Partout le mesquin est à coté du beau, l'ordure auprès de la magnificence, la misère en face du luxe, quelquefois même la solitude et le silence au milieu de l'agitation et du bruit. Dans ce chaos perpétuel d'élémens opposés, on trouve à chaque pas le sujet d'un de ces tableaux à double face où l'art s'est toujours complu, et qui font méditer le philosophe. Le même quartier, la même rue, la même maison peut-être, vous montrera souvent en présence, dos à dos, l'un sur l'autre, ou porte à porte, les deux extrémités de la civilisation, les aspects les plus contraires que puisse offrir la société humaine vue de près, étudiée à la loupe, scrutée par l'analyse.

Mais ce n'est pas cela qu'il s'agit de vous montrer. Je n'ai pas l'intention d'opposer le calme de la place Royale au mouvement du grand bazar parisien. C'est plutôt par la ressemblance de leurs formes, par l'analogie probable de leurs destinées, qu'il m'est venu en fantaisie de réunir dans un seul chapitre ces deux localités. Ici et là en effet, même distribution du terrain, même système d'architecture. Quatre faces de bâtimens qui regardent un espace planté d'arbres, car c'est la faute du temps si la quatrième ligne d'étages supérieurs manque au Palais-Royal; des galeries pratiquées sous le premier étage de ces maisons, et soutenues par une suite régulière de piliers qui se joignent en arcades; une promenade à l'abri autour d'une promenade en plein air; tels sont les points matériels de comparaison. Les différences sont nombreuses, et il me semble que l'avantage pour l'un et pour l'autre s'y balance. Ici le corridor claustral est trop écrasé par sa voûte; là il est trop élancé et trop étroit. Au Marais, les rues pénètrent dans la place; elles séparent les galeries du jardin; ce qui pourrait être un inconvénient pour les promeneurs, s'il y en avait. Au quartier Saint-Honoré, la circulation des voitures s'arrête aux abords de l'édifice; elle en respecte l'enceinte; elle tourne le long de sa façade extérieure, mais par des voies si resserrées, si sales et si périlleuses, que les habitans du lieu semblent leur avoir rendu leur véritable destination en y déposant des immondices. La vieille cité n'a rien de plus fangeux et de plus fétide que le fossé bourbeux dans lequel on descend à l'extrémité de la rue Vivienne.

Nous avons tous vu le Palais-Royal dans son plus grand éclat. Je me suis demandé quelquefois ce que serait la place Royale, si la mode venait s'y établir, si ses quatre rues intérieures étaient parcourues par de brillans équipages ; si, le soir, d'innombrables jets de lumière se détachaient de ses portiques percés en riches magasins ; si, dans chaque intervalle de ses pilastres, l'air enflammé se jouait suspendu dans un globe de cristal ; si les trois étages de ses maisons, variées déjà par les couleurs de la brique et de la pierre, réfléchissaient, sous leur haut couvercle d'ardoise, la lueur riante des lustres et des bougies. Alors, sans doute, il ferait beau d'arriver, dans ce séjour des plaisirs et des joies mondaines, par les arceaux ouverts sur la rue Royale et sur la chaussée des Minimes, deux issues vraiment magnifiques. De ce jardin clos de grilles, qui recevrait la foule par quatre larges entrées, et où Louis XIII se morfond aujourd'hui sous son vêtement de marbre, on aurait tout le mouvement et tout le bruit dont se compose le bonheur des villes. Ce serait mieux que le Palais-Royal où l'agitation est en quelque sorte renfermée, mieux que les boulevards où elle est trop étendue, trop éparpillée. Ce rêve heureux ne se réalisera pas. L'engouement magique, qui pousse toute la population vers un quartier de la ville, ne revient jamais à celui qu'il a déjà visité. Il aime à laisser derrière lui des déserts et des ruines. Il faut à ce coureur infatigable et capricieux des amantes délaissées qui le pleurent dans un long ennui. La place Royale a obtenu jadis ses faveurs; elle n'a plus que des souvenirs pour se consoler de l'oubli et de la solitude. Le Palais-Royal aussi, dont il faisait naguères ses délices, touche peut-être à son déclin; il s'y manifeste déjà quelques signes d'abandon et d'indifférence. C'est un motif de plus pour rapprocher une puissance tombée d'une grandeur qui s'obscurcit.

On sait que la place Royale fut construite par Henri IV. Ce qu'on ne sait pas aussi bien, c'est de quelle façon un roi d'alors, un roi absolu, un roi conquérant, qui avait regagné sa couronne pied à pied, et l'épée au poing, s'y prenait pour user de ses domaines. L'emplacement sur lequel il voulut construire, car il aimait aussi le travail des maçons, dépendait de l'ancien hôtel des Tournelles; c'était un terrain nu, entouré de décombres, et dont on avait fait un marché aux chevaux. Henri IV entreprit d'y dessiner une place large, belle et régulière, dont le milieu servirait d'arène, et le pourtour d'amphithéâtre, pour les exercices martiaux, les courses, mascarades et réjouissances données par la cour au public. C'était son bien à lui, comme disent les avocats de liste civile, et m'est avis qu'il l'avait bien payé. De plus, ce n'était devenu le bien de personne. Il ne s'y était pas établi de ces jouissances anciennes, immémoriales, qu'il faut souvent respecter comme des droits. Cependant, il ne crut pas pouvoir en disposer sans l'aveu de son parlement. Après avoir fait élever de ses deniers un côté de la place, il fit enregistrer un édit par lequel il cédait à des particuliers les autres portions du terrain, moyennant la rente annuelle d'un écu d'or, et à la charge d'y construire des bâtimens sur le plan qu'il avait exécuté lui-même. Ainsi fut faite la place Royale, véritable ouvrage de prince, théâtre de nobles amusemens, rendue à l'usage de tous, aussitôt que la main créatrice du monarque l'eut fait sortir de la boue et du néant. Et cela, sans profit, sans calcul d'argent, moyennant une légère redevance, qui perpétuait seulement le souvenir du bienfait royal.

Elle se trouva prête en 1612 pour la célébration anticipée de ce mariage d'où devaient sortir, après une longue stérilité, les deux branches de princes Bourbons, dont l'une vient d'emporter dans l'exil la vieille monarchie, et l'autre fait aux Tuileries l'essai d'une royauté nouvelle. Ses quatre lignes, composées de neuf pavillons, étaient élevées; ses deux rues, qui trouvaient, il y a peu de temps encore, une ouverture sous deux de ses angles, étaient tracées; ses deux entrées majestueuses, par les centres du midi et du nord, étaient ouvertes, lorsque, par une belle journée du printemps, des milliers de spectateurs groupés aux fenêtres, entassés sur les échafauds, dames, seigneurs, gentilshommes, gens de robe, peuple aussi, on a besoin de lui pour les fêtes, virent s'avancer dans la lice, parés de riches habits, suivis d'une somptueuse escorte, les plus illustres et les plus beaux cavaliers qui fussent en ce royaume de France. Un des acteurs de cette brillante représentation, Bassompierre, nous dit qu'il ne lui en coûta pas moins de cinquante mille écus pour y paraître convenablement. Il se faisait rembourser de cette dépense en bonnes fortunes. Aujourd'hui, l'on saurait au juste ce qu'une somme pareille, bien placée, peut rapporter d'intérêts. Ce fut, je crois, le dernier spectacle où figura la noblesse française. Richelieu vint, qui congédia la troupe.

Après ces magnifiques extravagances, la place Royale trouva encore une autre illustration. Elle devint le centre du goût, de la politesse, de la galanterie, du bel esprit. Ses maisons furent habitées par les femmes les plus spirituelles et les plus jolies. Les grands seigneurs y accoururent dans leurs carrosses de velours, les gens de lettres, qui commençaient à prendre leur rang dans le monde, s'y rendirent à pied; car c'était, suivant Scarron, « un pays où la botte se conservait long-temps sans crotte. » La renommée de « cet incomparable cloître, » cloître où Ninon fit ses vœux, convertit bientôt le terrain des joûtes en une promenade noblement fréquentée, où Corneille a placé la scène d'une des ces comédies qu'il prit toutes faites dans son siècle avant de l'élever à son génie. L'auteur du *Roman comique*, qui, en dépit de ses ouvrages, était homme de bonne compagnie, appelle la place Royale, « quartier favori des honnêtes gens tant chéri, » et ailleurs, « belle place où n'habite que mainte personne d'élite. » Il s'est trouvé, par un rare bonheur, que lorsque la vogue s'est éloignée de ce lieu, les spéculations n'y ont pas porté leur marteau destructeur, leur avide recherche de débris. Il se présente à nos regards tel à peu près qu'il était au temps des Villequier, des Guiménée, des Rohan, des Maugiron, des Bois-Dauphin, et de toutes ces familles que divertissaient par leurs bons mots Sarrazin, Ménage et Voiture. Nul propriétaire ne s'est encore avisé de badigeonner la façade rouge et blanche de son antique maison. Nul ne l'a fait monter d'un étage, et n'a songé à tirer profit de ces dômes élevés, où l'on pourrait nicher des locataires. C'est un avantage des quartiers abandonnés; dans un temps où la cupidité détruit, la solitude conserve. A voir ces croisées garnies de draperies épaisses, ces portes fermées où le marteau retentit rarement, ces longues galeries dont les murailles n'ont pas été minées par les boutiques, on se croirait dans un autre siècle, si l'aspect tout moderne d'une mairie, avec son factionnaire en habit bourgeois et ses listes électorales couchées sur une tablette, si encore deux cabinets de lecture remplis de journaux et de jeunes gens comme aux lieux les plus habités, ne venaient faire cesser cette erreur.

Mais voici que vient à passer l'*omnibus* à trois roues, qui nous conduira, par vingt détours, à travers les obstacles d'un quartier populeux, du marbre de Louis XIII jusqu'au bronze de Louis XIV, dans le voisinage de cette autre scène que nous avons à décrire.

Un perron à se casser le col, et deux pérystiles obscurs, nous introduisent dans le Palais-Royal, dans cette enceinte connue de l'Europe entière, dont on demande des nouvelles à quiconque revient de la grande ville, que le nouveau débarqué veut visiter avant tout, dont on se fait encore, à cent lieues de Paris, les idées les plus singulières, les plus effrayantes, les plus fantastiques ; lieu de perdition, sentine de tous les vices, véritable Gomorrhe, disent les pères tremblans et les mères éplorées qui hasardent à regret leurs fils dans nos écoles; pays de Cocagne, séjour de délices, théâtre de mille enchantemens! s'écrient les provinciaux émérites, les beaux esprits de garnison, les Lovelaces de table-d'hôte et les commis-voyageurs. Mensonge des deux parts; ridicule exagération de terreur et d'enthousiasme, qui se fonde sur les récits fabuleux d'un autre temps, d'un autre état social, d'une époque déjà vieille de vingt années, et presque perdue dans nos souvenirs.

Il ne faut pas avoir vécu plus que l'âge ordinaire d'un homme d'état pour avoir vu quelque chose de ce désordre bruyant, de ces orgies tumultueuses, de ces gais scandales, qui firent longtemps la réputation du Palais-Royal. Maintenant il en reste à peine quelques traces. Le Palais-Royal a suivi le mouvement de nos mœurs. Il s'est réformé, il est devenu honnête, sévère, ennuyeux peut-être, comme un libertin qui se range. Il était fait pour le vice, ce monument historique de la fin du dix-huitième siècle, pour le vice vulgaire, banal, populaire, accessible à tous, se plaisant dans la confusion et le mélange, se faisant grossier par un dernier raffinement, dédaignant la pudeur et insensible à la volupté du mystère. Son origine semblait lui assigner cette destination. Et voilà que le vice lui manque, qu'après l'avoir laissé végéter quelque temps obscur et sans bruit dans ses plus honteuses retraites, voyant qu'il ne rapporte plus rien, on le chasse brutalement comme un intrus, lui, le vice, l'enfant de la maison!

Une fois épuré, sous le rapport de la morale, il ne restait plus au Palais-Royal, pour se séparer tout à fait du passé, qu'à se faire net et beau, luisant et propre, à dépouiller ses haillons, à se revêtir de neuf. Il a fait toute cette dépense, non sans peine. Il a réussi à couvrir d'une couche blanche les innombrables inscriptions qui noircissaient les murs, les piliers et les voûtes de ses galeries; il a détaché les lanternes de toute couleur, de toute grandeur, les écussons, les enseignes, qui menaçaient la tête des passans; moitié par contrainte, moitié par persuasion, il a obligé les boutiques ambitieuses, usurpatrices, toujours avides de s'étendre, toujours gagnant du terrain pour atteindre les passans, à rentrer dans leurs limites, à démasquer sa colonnade; il s'est mis pour cela sous la protection de la voirie, et a réclamé l'aide de la police; il a fourni aux afficheurs des bornes en bois pour qu'on respectât ses portiques peints à l'huile. Un beau soir, le gaz, s'élançant de ses canaux en langues de feu, est venu éclairer, sous chaque arcade, cette brillante toilette. Un magnifique promenoir, tenant toute la largeur du palais, a invité les oisifs à se réunir sous son toit de verre, à parcourir librement son pavé poli et sonore. Et quand tout cela a été terminé, lorsque le Palais-Royal s'est montré noble, riche, élégant, vertueux surtout, il n'a plus revu la foule. Ses habitués étaient ailleurs, il faisait là trop de jour pour eux. Les hôtes nouveaux qu'il attendait en avaient oublié le chemin.

C'est qu'il y a, dans cette préférence capricieuse qui entraîne vers une partie de la ville le flot des fainéans et des curieux, certaines influences secrètes qu'il n'est pas facile de saisir. Ce qui peut la décider le moins, c'est l'ordre et la symétrie; il lui faut au contraire de la gêne et du pêle-mêle. On ne se dérange pas de chez soi pour être à son aise, pour marcher commodément à la file dans un espace bien propre, bien large, soigneusement débarrassé de tout ce qui serait obstacle, où l'on trouve sans cesse la vigilance du maître et de l'autorité. On veut s'entasser, se bousculer, être aperçu et non regardé. Ce qu'il y a de plus honteux et de plus ordurier ne fait pas peur quand on doit le voir du milieu de la cohue. On demande d'abord qu'il y ait du monde quelque part, n'importe lequel; et l'on y court aussitôt. La population fixe du Palais-Royal, celle qui avait renfermé là toutes ses habitudes, tous ses plaisirs, toutes ses espérances de profit, formait naturellement ce centre d'attraction vers lequel la foule se laisse conduire. C'est ce qu'avait bien compris le fondateur de cet établissement. En vain l'accablait-on de railleries, de sarcasmes, d'épigrammes, de quolibets, pour une entreprise qui fut certes l'action la plus innocente de sa vie. En vain classait-on ainsi les nouveaux voisins qu'il voulait se donner : « Les filles, les brocanteurs, » les libertins, les intrigans, les escrocs, les

» faiseurs de projets, les chefs de musées, les » inventeurs de ballons, comme plus en état » de s'y plaire et de bien payer. » Il écoutait tous les propos avec ce profond mépris de l'opinion publique, qu'il devait montrer bien mieux en la courtisant. Il ne se mettait pas en peine de choisir ses locataires, sachant que la bonne compagnie arriverait tôt ou tard dans ce lieu, lorsqu'elle serait sûre d'y trouver la mauvaise.

Ainsi commença l'ère brillante du Palais-Royal. Tous les genres de dépravations y étaient logés depuis les souterrains jusqu'aux combles. On entendait les cris de l'orgie à travers les soupiraux ; la prostitution étalait ses guenilles aux balcons supérieurs, et venait le soir promener ses oripeaux dans le jardin ou dans les galeries. La crainte d'être vu là ne retenait personne ; la multitude couvrait tout. Les marchands surtout ne s'en plaignaient pas. Les trésors étalés dans leurs magasins servaient de prétexte à l'empressement du public, d'excuse, s'il en était besoin, à cette affluence qui se trompait peut-être sur son objet. Aujourd'hui qu'il n'y a plus rien de scandaleux à voir, pas de bruit désordonné, aujourd'hui que la mère peut permettre cette promenade à sa fille, on trouve les corridors froids, le jardin étouffé, les abords difficiles et malpropres. On n'y va plus, on y passe, comme dans la galerie Vivienne, moins que dans la galerie Véro-Dodat, parce qu'on n'y trouve point de caricatures. Les marchands murmurent et déménagent. Ils s'en prenaient au voisinage de la royauté-citoyenne qui leur amenait l'émeute; ils s'en prennent à son émigration, qui leur ôte la pratique des courtisans. Chaque jour voit disparaître quelqu'un de ces riches étalages qui tentaient l'opulence et dont s'émerveillait la médiocrité sans y toucher. Le petit commerce des bazars s'y introduit déjà. Enfin, j'y ai compté hier douze boutiques à louer. Et voilà ce que c'est que d'avoir des mœurs, quand on s'appelle le Palais-Royal; c'est mentir à sa vocation.

Pourtant, comme ce changement n'est pas tout à fait une chose de choix et de volonté, comme il est évident qu'il a été déterminé par quelque modification observée dans nos mœurs et dans nos habitudes; comme la vie joyeuse, débauchée, prodigue, insouciante, n'est plus de notre siècle, il faut en conclure que le Palais-Royal a fini sa destinée de bruit, de scandale et de désordre, qu'il est en ce moment dans un état de transition pour arriver à une autre existence. Aussi n'offre-t-il aujourd'hui que des traits décolorés, incertains; un caractère mi-parti de tristesse et de mouvement, de luxe et de simplicité, de présent et de passé qui déconcerte l'observateur. Il ne se présente plus guère à ses yeux que comme un lieu où l'on se promène à couvert quand il pleut, en plein air quand il ne fait pas trop de soleil, où l'on se donne rendez-vous, dans lequel on cause tranquillement ou bruyamment, selon les goûts, de ses affaires si l'on en a, des affaires publiques si l'on est désœuvré. C'est encore une communication agréable pour aller de la rue Vivienne à la rue Saint-Honoré, un terrain commode pour les premiers jeux de l'enfance. Quelques personnes ont fait depuis peu, du jardin, une tabagie où leur patriotisme se divertit innocemment à fumer. Ceux qui pourraient être considérés comme les habitués de cette enceinte, et dont on rencontre en effet la figure chaque jour dans la même allée, n'ont pas d'occupation spéciale, pas de mœurs particulières qui les distinguent des autres visiteurs. Ce sont gens ayant un peu plus de temps à perdre, voilà tout; et qui trouvent dans l'exercice salutaire de la promenade, dans la rencontre attendue de leurs amis, de quoi employer leur journée sans aucuns frais, pas même de toilette. Les belles soirées d'été ajoutent quelque chose de plus gracieux et de plus animé à ce tableau froid et monotone. La bourgeoisie des environs vient s'y asseoir le long d'un grillage ou vis-à-vis de la rotonde, en famille, avec l'intention de rester long-temps sur ces chaises où elle ne craint plus de fâcheux voisinage, croyant respirer l'air que lui dérobent les trois lignes de bâtimens dont elle est entourée. Quelques tables, rangées dans le jardin, entre une double haie de lauriers-roses, sont occupées par des consommateurs sur lesquels le distributeur privilégié des rafraîchissemens lève, en forme d'impôt indirect, c'est-à-dire par une augmentation du tarif ordinaire, de quoi payer le droit qu'il a chèrement acquis. Puis, lorsque l'heure de la retraite a sonné, les grilles se ferment en un instant sous la main agile des gardiens, et le lieu public devient domaine de prince pour toute la nuit.

Je ne voudrais pas faire tort au commerce. C'est, aujourd'hui surtout chose peu généreuse. Cependant il faut bien reconnaître que les boutiques du Palais-Royal ont perdu cet éclat de renommée, cette supériorité de luxe et de goût dont elles se vantaient jadis. J'aurais bien aimé, pour l'intérêt que je porte aux vieilles réputations, à trouver, durant la grande foire qui précède le jour de l'an, quelque encombrement dans ces galeries que les curieux, d'accord cette fois avec la critique savante, trouvaient jadis trop étroites. Il me souvient du temps où le superbe magasin d'Alexandre faisait refluer jusqu'au delà des grilles les admirateurs de ses belles étoffes, où les gendarmes étaient étouffés à la porte de Berthellemot, où toute la province, assemblée par députation de ses badauds, s'extasiait pendant une heure devant l'escalier de cristal et les diadèmes de Rustan. Ces magasins, qu'on n'a pas cessé de décorer à neuf tous les ans, renferment pourtant les mêmes richesses; mais il semble qu'on les sache par cœur. D'une admiration hébêtée on est passé à une sorte d'indifférence stupide. On est comme blasé sur le beau; depuis qu'on le trouve partout, on ne veut plus le chercher ici. Et puis je dirai que le commerce du Palais-Royal tient un peu trop à ses antiques traditions. Les mêmes branches d'industrie s'y multiplient à chaque pas, se nuisent par leur rapprochement et fatiguent par leur uniformité. Ce sont toujours des joailliers après les horlogers, et des horlogers après les joailliers. L'art si populaire et si attrayant des colifichets n'y tient pas une seule place. On n'y trouve pas un gâteau à manger, si ce n'est dans le vilain passage du Perron. Je crois qu'un élève de Susse ou de Giroux, qu'un homme habile formé au four de Félix ou de Thomas, remplirait utilement une de ces boutiques où le bijoutier se croise noblement les bras en attendant la pratique accidentelle d'un mariage. Je dis d'un mariage; car c'est là maintenant le seul contrat où l'on fasse intervenir l'or et les diamans. Il ne se donne plus d'écrins que devant notaires.

Il est cependant deux grandes célébrités qui ont conservé toute leur puissance à travers les révolutions, qui ont vu tomber l'empire et la restauration sans être ébranlées de leur chûte, qui ont survécu à toutes les splendeurs éclipsées, à tous les scandales éteints de cette vaste enceinte dont elles gardent les deux extrémités par chacun de ses angles. Je veux parler de Corcelet et de Chevet, deux noms illustres qui ont de l'écho dans notre civilisation. Je ne sais jusqu'où il faudrait aller pour apprendre à quelqu'un qu'il s'agit de deux rivaux qui ont entrepris la fourniture des comestibles, généreux concurrens qui ne se font pas la guerre, différens l'un de l'autre par leurs manières non moins que par leurs spécialités; l'un, enfermé gravement dans son comptoir, laissant arriver jusqu'à lui les chalands, ne permettant pas à ses pâtés, à ses volailles, d'attirer l'odorat du passant par une légère excursion hors de sa boutique; l'autre ayant légué ses habitudes de prévenances, d'invitation empressée, à une seconde génération de femmes engageantes et polies, sachant se maintenir, malgré les alignemens, dans le droit acquis d'étaler au dehors ses esturgeons monstrueux, ses carpes du Rhin et ses ananas, de sorte qu'on ne peut ni éviter la tentation, ni, une fois tenté par la marchandise, résister aux séductions du marchand.

Si Chevet et Corcelet sont la providence des gens qui ont une cuisine, le Palais-Royal a des ressources immenses pour ceux qui portent dans leur gousset toute la prévoyance de leur appétit. Les cafés s'emparent du passant à jeun, lui servent le premier repas, le désaltèrent plus tard, le retrouvent encore après le dîner, et lui offrent tout le jour un bon poële avec de nombreux journaux : le café de Foy d'abord, le patriarche de ces lieux, dont l'existence est presque séculaire, notabilité de l'ancien jardin, qui a le bon esprit de conserver sa vieille boiserie et surtout l'excellente qualité de ses préparations; le café Valois, dont les habitués paraissent plus liés, plus intimes, et qui a toute la familiarité d'un club ou d'un salon; le café Lemblin, où l'affluence est plus bruyante; le café de la Rotonde, si cher aux provinciaux, entrepreneur hardi de la consommation en plein vent; le café Corrazza, qui renaît sous une forme nouvelle; enfin le café d'Orléans, de récente origine, qui s'était habilement saisi de la milice citoyenne. Les restaurateurs viennent ensuite dans l'ordre des besoins. A leur tête, Véry dont les salons sont souvent déserts, les frères Provençaux dont la renommée se soutient; le café de Chartres, réduit étroit, obcur, étouffé, ou l'on s'entasse toujours avec fureur; le café de Périgord à l'étalage appétissant; Véfour jeune, qui reste en cuisine aussi le cadet de son frère. Mais, ô misère ou lésinerie du siècle! le dîner même, le dîner, cette grande affaire des sociétés qui savent ce que vaut la vie, ne peut obtenir que d'un petit nombre quelque effort de dépense. Regardez au premier étage du Palais-Royal, dans ces beaux appartemens dont on vous a raconté tant de prodiges. Savez-vous par qui est occupée la moitié de ce splendide pourtour? Savez-vous qui remplit ces riches salons? pour qui tous ces frais de loyer, à qui appartient la vue riante du jardin? Le maigre dîner à deux francs, la table modeste qui se dressait autrefois dans la noire profondeur d'un rez-de-chaussée, voilà ce qui domine maintenant en vainqueur dans le Palais-Royal! voilà ce qui représente notre état social, le point où s'est arrêté le thermomètre de notre richesse! Ce tarif, auquel peuvent atteindre facilement les petits profits, vers lequel descendent sans rougir des existences qui semblent haut placées, réunit une foule immense de dîneurs de tout rang, de toute condition, de tout métier; qui se courbent ou s'élèvent au même niveau. C'est là que se trouve véritablement l'égalité, mesurée sur l'échelle d'une sévère économie. Un étranger qui sortait de la Chambre, surpris de voir entrer tant de monde dans ces réfectoires à bon marché, me disait dernièrement : « Mais où diable passe donc votre bugdet ? »

Ce que le Palais-Royal a le mieux gardé, c'est son importance littéraire. Je ne parle pas seulement ici de ses trois grands établissemens de lecture, situés dans de vastes locaux, bien aérés, bien éclairés, bien chauffés, où le même exemplaire d'un livre subit quarante jugemens divers, où siégent peut-être les critiques les plus difficiles, parce qu'ils n'ont pas payé cher le droit d'être dédaigneux. Je veux parler surtout de ces boutiques où les ouvrages nouveaux viennent offrir aux regards des passans leurs titres bizarres, leurs vignettes énigmatiques. C'est dans la galerie d'Orléans qu'est demeuré le commerce de la librairie, avec les modistes de la petite propriété. Mais le bon temps des galeries de bois est passé pour les livres comme pour les chapeaux. Si l'on veut vérifier ce que nous avons dit de la préférence accordée par la foule aux lieux sales, étroits et d'un aspect repoussant, il faut se rappeler cette double avenue d'un terrain inégal, bordée de misérables échoppes, où la voix criarde de quelques femmes flétries s'efforçait d'attirer les acheteurs, où des groupes nombreux formés devant l'étalage des libraires interrompaient agréablement la circulation. Alors il faisait bon pour une production nouvelle de paraître humide encore sur les tablettes envahissantes de Dentu, de Petit, de Ponthieu, de madame Goullet, de l'actif et intelligent Delaunay. Celui-ci surtout connaissait bien son public. Il ne lui refusait pas l'avant-goût gratuit d'un nouvel ouvrage; il savait qu'en toute chose on aime à essayer. Il livrait gracieusement aux curieux l'exemplaire tout coupé. L'auteur pouvait à quelques pas de là observer l'effet causé par les premières pages de son livre, et tressaillait d'aise quand il voyait le lecteur entrer dans le magasin. Aujourd'hui ce n'est plus ainsi. Une barrière de verre permet de voir et défend de toucher. Le frontispice a beau sauter aux yeux; ce n'est pas assez pour décider l'argent à sortir de la poche. On voudrait feuilleter un peu, saisir au passage quelque aperçu du sujet, quelque échantillon du style. Il faut déjà une forte dose de résolution, une curiosité singulièrement aiguillonnée, pour qu'on se risque à presser le bouton d'une porte, à déranger un commis qui lit tranquillement sur son comptoir. La clôture des étalages me paraît une des causes qui font qu'il se vend peu de livres, malgré l'incontestable supériorité de nos écrivains, certifiée par les camarades journalistes. Du moins est-il certain, et je le dis sans nul regret, que le vitrage a tué l'industrie de la brochure.

Nous avons parcouru tout le Palais-Royal, tout, je vous assure; hors deux ou trois estaminets, séjour enfumé dont la physionomie offre peu d'intérêt; hors ce café des Aveugles, dernier reste de l'ancienne licence, où l'on ne fait plus rien que s'ennuyer bêtement au bruit assourdissant des timbales; hors les Ombres-Chinoises, pour lesquelles on sèvre chaque jour des spectateurs; hors enfin ces quatre infâmes repaires qui s'annoncent par des numéros de feu dessinés sur un fond noir, autrefois égayés du moins par la débauche, maintenant offrant pour unique spectacle la passion de l'or ou la misère aux prises avec le hasard. Le surplus, palais et boutiques, appartient à l'apanage, dont la beauté vous touchera peu, quand vous saurez que le budget peut être un jour chargé de payer une indemnité au possesseur, pour le plaisir qu'il s'est donné.

LES ANNIVERSAIRES.

CHAPITRE XXI.

Je me suis surpris dernièrement à regretter l'ancien régime; non pas, grâce à Dieu, ses Bastilles, ses lettres de cachet et ses descentes de police; car j'ai bien assez de nos prisons, de nos états e siége et de nos visites domiciliaires; mais tout simplement ce que la nouvelle science politique n'est pas parvenue à remplacer, je veux dire les fêtes populaires, les cérémonies traditionnelles, les solennités innocentes dont le vieux calendrier était rempli. Chacun peut, pour son compte, dédaigner ces occasions de foule, de fatigue et de tumulte, refuser sa part de l'ennui périodique qu'elles offrent à tout le monde, regarder en pitié, du haut de sa raison, cette curiosité niaise, stupide, hébétée, qui pousse toute la population, au retour annuel de certaines journées, vers un spectacle dont elle connaît déjà l'invariable programme. Mais enfin, lorsqu'on ne fait pas métier de prêcher la liberté, il ne faut pas se croire en droit d'imposer aux autres ses goûts et ses répugnances. Donc, puisque le peuple de Paris veut des fêtes, puisque tous les éloges donnés au développement de son intelligence, tous les efforts qu'on a tentés pour lui faire honte de ses vieilles habitudes et lui donner la dignité de l'état qu'il a conquis ; puisque tant de paroles éloquentes, perdues dans les journaux, n'ont pu obtenir de lui qu'il restât sourd au frémissement des fanfares, au murmure des cortéges, à l'appel des bateleurs, et au fracas des fusées; puisqu'à défaut de réjouissances officiellement préparées, vous le voyez se faire de toute chose, d'un convoi funèbre, d'une exécution, de l'émeute même, un prétexte pour quitter ses travaux, pour se répandre sur le pavé, et passer le jour à s'ébahir de tout ce qu'on voudra lui montrer, nous devons reconnaître que l'ancien régime s'entendait mieux à lui procurer cette sorte de plaisirs. C'est merveille en effet que de compter tout ce qu'il y avait autrefois de belles choses à voir dans le courant d'une année, et comme ce nombre infini de divertissemens était habilement réparti dans les différentes saisons, de manière à ce que chaque mois et presque chaque semaine eût sa joie, son dérangement, son désordre. Vous trouviez d'abord les deux grandes foires de Saint-Germain et de Saint-Laurent, l'une servant de rendez-vous aux folles gaîtés du carnaval, l'autre invitant à ses jeux tous les promeneurs qui, durant les longues et pesantes soirées d'été, viennent naïvement chercher le frais dans la foule. Puis c'était une série continuelle de foires secondaires que ramenait tous les ans, devant le portique des églises, le jour consacré au patron de chaque paroisse. Ensuite les processions qui parcouraient incessamment la ville pour divers motifs et avec un différent appareil; processions purement religieuses, comme celles des deux Fêtes-Dieu et des Rogations; procession de l'Université, avec ses manteaux fourrés et ses chaperons, à la suite desquels marchaient ces honnêtes industriels, libraires, imprimeurs, papetiers, qui s'honoraient alors d'être appelés la clientelle de la science; processions du vœu de Louis XIII, du grand pardon, des cordons bleus, des chevaliers du Saint-Sépulcre; procession encore pour la réduction de Paris, souvenir d'un événement politique qui eut chez nous le rare bonheur de durer pendant deux siècles! Et les cavalcades des clercs de la Bazoche, et celle des huissiers, et les pélerinages au Mont-Calvaire, et les eaux de Saint-Cloud, et les courses de Vincennes, et la foire aux Loges, et le Landit si cher aux écoliers, et la revue des gardes-françaises aux Sablons : voilà qui était institué pour fournir aux curieux de continuelles distractions, sans compter le courant ordinaire des fêtes royales, des noces royales, des naissances royales. Seulement, nous devons l'avouer, les avénemens étaient plus rares qu'aujourd'hui. En cela le siècle a fait des progrès.

Or, toutes ces célébrations, dont le Parisien savait par cœur le lieu, la forme et la date, pour lesquelles on le trouvait toujours prêt à se parer de ses plus beaux habits, à prendre sa place de bonne heure, à perdre sa journée dans l'attente d'une jouissance rapide que suivait un bruyant commentaire, tous ces accidens de loisir et de gaîté répandus dans une vie de travail, se rapportaient presque toujours à des événemens anciens, à de vieilles croyances, à des traditions dont l'origine n'embarrassait guères que les savans. Lorsque la grande révolution vint abattre d'un seul coup tout le passé de la France, et plaça sur la dernière pierre de la Bastille la borne que la mémoire des peuples ne devait plus franchir, alors il fallut de nouveaux prétextes pour les rassemblemens joyeux de la multitude. Car les premiers législateurs de la société régénérée avaient compris que les divertissemens populaires étaient aussi parmi les droits de l'homme. La plus ancienne de nos constitutions, celle qui fut faite en trois ans, et vécut, je crois, treize mois, ordonna « qu'il serait établi des fêtes na- » tionales pour entretenir la fraternité entre les » citoyens. » C'était là un principe comme on en décrétait alors une demi-douzaine par jour. Quand ce fut à l'exécution, la difficulté vint de ce qu'on n'avait pas de souvenirs pour motiver la consécration de tel ou tel jour à la festivité publique. Faute de passé, on prit le présent. A mesure qu'on faisait des événemens, on leur donna par acclamation un brevet de perpétuité, et on disposa de l'avenir à leur profit. Ainsi, il fut dit que le 14 juillet 1789, puis le 10 août 1792, ensuite le 21 janvier 1793, et bientôt le 31 mai de la même année, auraient les honneurs d'une éternelle commémoration, à laquelle « on inviterait la nature et toutes les vertus. » Peu de temps après, l'ordonnateur de ces solennités fournit lui-même, par sa chute sanglante, une nouvelle époque à célébrer : celle du 9 thermidor. On dédia encore le 30 ventose à la souveraineté du peuple, le 1er vendémiaire à la fondation de la république, le 18 fructidor au coup d'état du directoire. Enfin, arriva un certain 18 brumaire, portant chapeau à plumet, le front noirci par le soleil d'Égypte, escorté de grenadiers au bras fort et au langage énergique, qui vint bouleverser avec le fourreau de son sabre tous ces anniversaires factieux, jaloux, ennemis l'un de l'autre, et se mit brusquement à leur place. Seulement, le 14 juillet et le 1er vendémiaire restèrent quelque temps à ses côtés, comme pour remplir l'office des deux accolytes qui figuraient auprès du consul appelé Bonaparte. Bientôt ils s'éclipsèrent tout-à-fait ; le 18 brumaire lui-même devint un témoin importun dont on eut hâte de se défaire ; et toutes ces journées qu'avait établies à jamais la république, furent remplacées par deux solennités d'un tout autre caractère. L'une était le 15 août, ayant le triple emploi de rappeler le jour qui avait vu naître le héros de la France, la place qu'il avait choisie dans l'almanach pour son patron, et enfin la mémoire de ce qu'il regardait comme une des grandes choses opérées par son génie, la signature du concordat ; l'autre confondait dans un même souvenir la pompe du couronnement et la victoire d'Austerlitz. Il y avait sans doute une grande étendue de pensée, une vaste et profonde intelligence des choses humaines dans cette alliance mystérieuse entre le nom du soldat et le rétablissement de la vieille religion, entre la fortune des combats qui avait fondé un trône, et l'intervention du pontife qui l'avait consacré! Et notez que, par le même décret qui établissait ces deux fêtes, on rendait au culte catholique cette église de Sainte-Geneviève, où nous avons eu l'esprit de replacer la solitude et le silence sous l'invocation de nos grands hommes, on promettait aux cendres de la dynastie impériale les caveaux de Saint-Denis, vides de l'ancienne monarchie. Et pourtant, voyez ce que durent, dans notre siècle, même les fondations du génie! Le 15 août a passé; au bout de dix ans, il n'était plus question du 2 décembre. La restauration avait effacé tout cela. Celle-ci, du moins, était en fonds d'anniversaires; elle avait des époques à revendre. Mais elle voulut se mettre selon la mode du temps. Elle data la joie publique du 3 mai, du 12 avril. Cela lui porta malheur. On put compter ainsi ce que prétendait vivre un événement moderne; et, quand on fut à quinze ans, la chose parut énorme, insolente, abusive, monstrueuse. La révolution de 1830 vint faire justice de ce scandale, et léguer à l'avenir le chômage de ses trois journées; nous en sommes là.

Ceci ressemble un peu à de l'histoire comme on pourrait la faire en compulsant les registres d'un entrepreneur d'illuminations ou de pyrotechnie, et là du moins la vérité ne manquerait pas; les mémoires des fournisseurs sont d'excellens mémoires contemporains. Mais il fallait bien nous mettre au courant de ce qu'on appelle aujourd'hui les anniversaires, de ces jours voués au remue-ménage de la cité, où le besoin de voir, d'admirer et de raconter fait sortir de ses retraites tout ce que Paris enferme d'habitans. Et maintenant, je laisse aux habiles le soin d'examiner, sous le rapport moral et politique, la convenance de ces institutions ambitieuses qui s'empressent de voter un éternel enthousiasme, une reconnaissance sans fin, une sympathie continue, pour des événemens à peine éclos; de chercher quel profit il peut y avoir à mêler parmi les joies du peuple, comme l'assaisonnement nécessaire du plaisir auquel on le convie, des acclamations qui ne sont jamais sans haine, des chants de triomphe qui ne peuvent être sans douleur, puisqu'enfin, dans les discordes civiles, il fournit en même temps les vainqueurs et les victimes. M'est avis qu'il y aurait là matière à de beaux discours, et je m'étonne que nos orateurs n'aient pas employé deux ou trois séances à se mesurer sur ce sujet; car, à coup sûr, ils ne pouvaient trouver une discussion plus inutile.

Aussi bien ne s'agirait-il ici que de simple théorie, comme dans les questions les mieux traitées. Peu importe en effet à quelle occasion, pour quel souvenir, au bénéfice de quelle opinion se donnent ces représentations de la munificence publique. Que ce soit une fête de la liberté, de la victoire, de la légitimité, de la souveraineté populaire; que ce jour rappelle une conquête, une insurrection, une rentrée, un avénement; qu'il y ait, dans le fait historique auquel il se rapporte, des images de deuil, des causes de ressentiment et de regret, tout cela ne change rien à l'empressement de la population, pas plus qu'au menu de la gaîté municipale. C'est toujours la même affluence de spectateurs et toujours le même spectacle. On a beau renouveler sans cesse les constitutions, les drapeaux, les cocardes, les armoiries et le type de la monnaie, il ne sort pas de tous ces grands événemens une idée neuve qui soit applicable à la manière

de les célébrer. Déjà, il y a bientôt cent ans, Voltaire se plaignait de notre stérilité sur ce point. « On dépense beaucoup, disait-il, en pou-
» dre et en fusées. On dépensait autrefois da-
» vantage en esprit et en agrémens. Quand
» Louis XIV donnait des fêtes, c'étaient les
» Corneille, les Molière, les Quinault, les Lully,
» et les Lebrun qui s'en mêlaient. Je suis fâché
» qu'une fête ne soit qu'une chose passagère,
» du bruit, de la foule, beaucoup de bourgeois,
» et rien de plus : je voudrais qu'elle passât à la
» postérité. Les Romains, nos maîtres, enten-
» daient cela mieux que nous. Les amphithéâtres,
» les arcs-de-triomphe élevés pour un jour so-
» lennel nous plaisent et nous instruisent en-
» core. » Depuis ce temps, nous n'avons pas, ce me semble, beaucoup appris. La République seule essaya de quitter cette voie usée, et d'inventer des divertissemens nouveaux. Elle avait fait ses études; elle savait la mythologie; elle voulut promener la poésie dans les rues et montrer l'allégorie dans les carrefours. Mais on finit par se moquer de son érudition, de cette comédie ambulante qu'elle faisait jouer à sa morale; le ridicule s'empara de ses déesses emprun-

tées au bouge voisin, et les dépouilla de leurs oripeaux; ses chars, ses autels, ses trépieds, ses machines, la garde-robe de ses Vertus et la charpente de sa Nature furent jetés au rebut; et des jeux olympiques, tels qu'on les avait arrangés pour les faubourgs, nous sommes retombés tout uniment aux tréteaux des acrobates, aux mâts de cocagne, aux feux d'artifices et aux lampions.

. . . .

Ce n'en est pas moins un grand jour pour toute la ville que celui où le gouvernement, comme disent encore les Parisiens, se met en frais de divertissemens, de merveilles et de joyeusetés pour amuser le peuple. Long-temps à l'avance on s'est procuré « le détail de toutes les cérémonies qui doivent avoir lieu dans Paris, » colporté dans chaque quartier, annoncé par la voix infernale des crieurs, et préféré, en ce moment, même au dernier arrêt rendu contre les conspirateurs. Bientôt on voit, placardée sur les murs, la longue pancarte du préfet de police, qui apprend aux piétons en quel lieu les voitures ne devront pas circuler; et lorsque vous y aurez lu que la défense de tirer des pétards dans les jambes des passans est formellement renouvelée sous les peines portées par la loi, ce sera le cas de prendre garde à vous; car vous êtes sûr d'être poursuivi, assourdi, menacé tout le soir par la détonation du projectile enflammé. Pendant ce temps, les marchands de toute espèce plantent leurs piquets, tendent leurs toiles, dressent leurs tables, et disposent leurs magasins nomades dans le voisinage du lieu où sont préparées les réjouissances officielles; sachant bien que toute fête gratuite est une occasion de dépense. Les mécaniques, les phénomènes, les ménageries, les tableaux pittoresques, les enfans à quatre bras ou à trois yeux, les animaux doués de quelque heureuse difformité, tous les spectacles dont le nom finit en *orama*, arrivent à la file, dans leur salle roulante, solliciter une part de cette curiosité générale que le programme authentique vient d'éveiller, et qui ne doit rentrer le lendemain au logis que rassasiée, étourdie, enivrée, et la poche vide. La première au rendez-vous commun, se trouvera encore la loterie, cachée dans une boutique de vaisselle et d'ustensiles, étalant ses lots séduisans, distribuant ses cartons trompeurs, et levant son impôt ordinaire sur la bourse de ceux qui tentent le hasard. Puis, ce ne sont de tout côté que cafés improvisés, cabarets et cantines. Car une grande partie de la population veut trouver là son dîner tout servi; et, si ce n'était qu'il faut payer la dépense, vous croiriez revoir, sous le faible abri de ces tentes, à travers cette fumée qui s'échappe de mille fourneaux, les repas fraternels, les festins patriotiques dont nos pères nous ont parlé.

Lorsque le jour fixé par la dernière commotion politique est arrivé, qu'il soit proclamé par le canon ou qu'une sage prévoyance ait économisé la poudre, tout le monde est levé de bonne heure. En racontant d'avance, il y a de cela trente-huit ans, la fête de l'Etre suprême (je vous préviens qu'ainsi se font beaucoup de récits), l'historiographe républicain disait: « L'aurore à peine annonce le jour, et déjà les sons » d'une musique guerrière retentissent de toute » part et font succéder au calme du sommeil un » réveil enchanteur. A l'aspect de l'astre bien- » faisant qui vivifie et colore la nature, amis, » frères, époux, vieillards et mères s'embrassent » tendrement. On voit aussitôt les banderoles » tricolores flotter à l'extérieur des maisons; les

» portiques se décorent de festons de verdure. » La chaste épouse tresse de fleurs la chevelure » flottante de sa fille chérie, tandis que l'enfant » à la mamelle presse le sein de sa mère dont il » est la plus belle parure. Le fils, au bras vi- » goureux, se saisit de ses armes, et ne veut re- » cevoir le baudrier que des mains de son père, » vieillard qui sourit de plaisir et pleure de joie » en présentant l'épée aux défenseurs de la pa- » trie. » Les choses se passent maintenant d'une façon moins poétique, et la matinée d'une solennité publique ne voit plus de ces touchantes scènes. Rien n'est périlleux au contraire pour la paix des ménages comme les apprêts du plaisir qu'on va goûter en famille. Partout est l'impatience, l'agitation, le regret du temps qu'il faut donner aux soins de l'intérieur, la crainte d'arriver trop tard, le dépit des enfans qu'on fait attendre, et la mauvaise humeur des maris qui veulent faire leur barbe à loisir. Ce jour-là aussi, vous êtes certain d'être mal servi. La joûte, la course, le mât de cocagne, sont dans la tête des valets, et l'orchestre de la danse parle plus haut que votre appétit à l'oreille des cuisinières.

Cependant la garde municipale, les sergens de ville et la troupe de ligne se sont emparés de toutes les issues qui conduisent aux Champs-Elysées, théâtre inamovible des réjouissances nationales. Les voitures en sont repoussées, excepté celles où s'annoncent de hauts fonctionnaires, et ces vieilles berlines dorées de l'Hôtel-de-Ville, qui reparaissent de temps en temps avec leurs cochers d'emprunt et leur attelage accidentel. Les chevaux seuls obtiennent le droit de se mêler à la foule. Mais il faut voir comme ils s'y glissent d'un pas timide, combien de fois la main du cavalier est obligée de peser sur les rênes, que de courtoisie il faut mettre dans sa voix pour que le mot « gare ! » ne soit pas offensant à cette multitude parée, brossée, cirée, blanchie, maîtresse du pavé, qui s'écoule comme un torrent vers un seul point de la ville. C'est alors, c'est en voyant ces flots d'hommes rouler, toujours épais, toujours intarissables, débouchant de tous les côtés, vomis par toutes les rues, jaillissant de toutes les maisons, qu'on est prêt à s'épouvanter de ce nombre de têtes qu'il faut ranger sous une même loi, de corps qu'il faut nourrir, de bras qu'il faut occuper.

On frémit à la pensée que cette masse, aujourd'hui mise en mouvement par l'instinct d'une vaine et puérile curiosité, pourrait être un jour tout aussi profondément remuée par des passions avides ou féroces. Alors l'esprit se serre avec effroi contre ce qui nous reste de civilisation. On sourit, malgré soi, à l'officier de paix décoré de son écharpe bleue, et l'on caresse en passant le cheval du gendarme.

Heureux et bon peuple après tout, malgré les peines qu'on s'est données pour égarer sa raison! Voyez comme il est loin de songer à mal, et comme il s'en aviserait peu, si personne ne se chargeait de ce soin. Regardez avec quelle innocence il se laisse conduire aux amusemens qu'on lui a préparés, comme il marche légèrement et libre de tout souci, endimanché, bruyant et joyeux, non pas parce que c'est jour de gloire, de triomphe politique, mais tout simplement parce que c'est jour de loisir, de dérangement et de bombance. N'attendez pas de lui le moindre sentiment de haine à l'occasion des événemens que cette journée rappelle; et, si vous en doutez, laissez-moi vous conter une anecdote que je n'ai pas faite, ce qui est rare pour les anecdotes qu'on écrit.

C'était hier, si vous voulez, à la dernière commémoration nationale que nous avons célébrée. Nous étions je ne sais combien de badauds attroupés devant les tréteaux d'un paillasse, tout heureux d'avoir retrouvé enfin quelque part ce discoureur en plein vent, dont on nous a depuis long-temps privés. L'orateur populaire (Dieu me pardonne si je le dénonce!) après avoir dit à son auditoire ses mariages malencontreux et tout ce qui s'était passé dans la maison paternelle de sa mère, s'avisa, pour mieux divertir la foule, de lui réciter une série de quolibets politiques, que je suis bien sûr d'avoir lus dans un journal. Il y en avait de mordans contre une espèce d'hommes qu'on appelle carlistes, de cruels contre une sorte de chose qu'on nomme juste-milieu, de sanglans encore contre des souverains qui sont chez eux, bien loin de nous, assis tranquillement sur leurs trônes et faisant manœuvrer leurs soldats. Tout cela fut écouté dans le silence le plus indifférent, sans soulever la plus légère sympathie, sans provoquer le moindre sourire, comme si le farceur eût parlé une langue inconnue. Mais enfin arriva une plaisanterie sur le choléra-morbus, sujet de bons mots s'il en fut, comme bien vous savez. Alors ce fut une explosion de gaîté, un tonnerre de rires éclatans qui s'échappa de l'assemblée. — Heureux et bon peuple, répéterai-je, dont on ne pouvait provoquer l'hilarité qu'en lui parlant d'un fléau qui le désolait en ce moment, qui entassait morts sur morts et teignait de noir toutes les familles. Excellente race d'hommes qui, avec un gouvernement et des partis, ne trouve à se moquer que de la peste!

Pour entendre de ces choses-là, il faut avoir touché les premières limites du terrain consacré aux jeux; il faut avoir subi le tintamarre étourdissant des tambours et des trompettes qui appellent des spectateurs à toutes ces merveilles foraines cachées derrière un rideau de toile à matelas, embusquées sur le passage de la foule, essayant à l'envi de la débaucher, de l'enlever d'avance aux divertissemens gratuits qu'elle retrouvera plus tard, de saisir dès l'abord l'étrenne de sa curiosité. Il faut encore avaler la poussière que soulèvent tant de pieds traînans, recevoir l'odeur qui s'exhale des cuissons et des fritures, et prendre garde de se heurter contre les chevaux de bois, les chars roulans dans une coulisse circulaire, et les nacelles aériennes, où les habitans de la banlieue viennent faire l'essai du mal de mer. Il faut éviter aussi l'adresse équivoque des tireurs d'arquebuse, qui font pleuvoir de tout côté une grêle de cailloux sur d'innocentes poupées, et les boules qui vont chercher des morceaux de vîtres, et les lapins ou les canards qui attendent tristement dans quelle main les jettera le sort d'un jeu dont ils sont le prix. Quand vous aurez échappé à tout ce bruit, à toutes ces séductions qui veulent vous arrêter sur le chemin, et forment l'avant-scène de la fête officielle, vous la voyez se développer dans toute sa splendeur et avec son ordonnance ingénieuse. Des mâts sont dressés, au sommet desquels se balancent la timbale, la montre, la bourse et le couvert d'argent. Un petit nombre de jeunes gens hardis prendra sa part de l'espérance, de l'entreprise et du triomphe. Mais il y aura, chez plusieurs milliers de spectateurs, des risées sans fin pour les tentatives malheureuses, pour les lourdes et honteuses défaites, pour l'intervention souveraine du garde municipal qui empêche les fraudes ou les passe-droits, et, enfin, des acclamations pour les vainqueurs qui descendront, hideux de sueur, de sang et de poussière, mais fiers de leur réussite, et munis de leur conquête qu'attend le Mont-de-Piété. Après cela, vous trouverez les théâtres sur lesquels on représente exclusivement des scènes militaires. Car le courage guerrier, l'honneur de l'uniforme et du drapeau forment le culte le plus profondément gravé dans les croyances populaires. Il ne se passe pas de bonne fête sans qu'il en coûte quelques horions, quelque déroute complète aux figurans revêtus de l'uniforme russe, espagnol ou musulman, sans que la vivandière classique fasse heureusement le coup de sabre avec un général étranger, sans que l'étendard français, quelle qu'en soit la couleur, finisse par flotter vainqueur au milieu d'une dernière fusillade. Quand on est en paix avec tout le monde, et qu'on veut y rester, on s'arrange pour que l'ennemi n'appartienne visiblement à aucune puissance connue, pour battre des soldats sans patrie, et emporter d'assaut des villes anonymes. De cette façon, on fournit au peuple des exploits de guerre qui ne compromettent pas la diplomatie, et on lui donne, sans blesser personne, son contingent de victoires. La corde lâche et la corde tendue vous offriront ensuite des amusemens plus vulgaires, qui ne s'adressent pas si éloquemment au sentiment patriotique, mais qui n'en attirent pas moins l'attention, l'intérêt et les regards. Puis, si vous avez le cœur à la danse, des orchestres nombreux, semés en grand nombre, vous arrangeront à leur manière les plus jolis airs des opéras nouveaux. Et tout cela durera pendant dix heures consécutives, toujours en recommençant, sans changement, sans épisode, sous le feu du soleil ou à la lueur des lampions ; car la Préfecture n'en sait pas davantage, et le peuple en trouve assez.

Cependant on sent qu'il manque quelque chose à cet emploi d'une agréable journée. Malgré toute la bonne volonté que met la population de Paris à s'étonner de ce qu'on lui montre en plein air, à s'extasier devant des choses qu'elle peut se procurer durant le cours de l'année, à son aise, sans fatigue et pour une faible dépense ;

elle voudrait bien rire à gorge déployée, ce qu'elle ne peut faire tous les jours. Elle semble se lasser de son attitude admirative et chercher quelque distraction plaisante, animée, tapageuse. Le dirai-je? elle regrette ces distributions de vin et de comestibles qu'un respect hypocrite pour ce qu'on appelle sa dignité a fait supprimer depuis quelques années. Et pour ma part, j'aimerais bien à voir arriver le temps où chacun s'occuperait de ce qui le regarde, exprimerait seulement des vœux dans lesquels il serait intéressé, et ne plaiderait rien de plus que sa propre cause. Que ceux qui savent écrire repoussent avec mépris les pensions, les emplois, les gratifications, les rubans; qu'ils se liguent généreusement, comme je suis très-sûr qu'ils le font, pour mettre les gouvernemens dans l'embarras de placer leurs faveurs, je comprends, j'approuve, j'admire cette fierté d'âme qui dédaigne ce qu'on lui tend avec dédain, et ne veut que des profits noblement gagnés, fruits du travail et témoignages du succès. Mais puisque le peuple n'a jamais fait d'émeute contre les buffets, puisqu'on ne l'a pas vu renvoyer avec mépris à la tête des distributeurs les cervelas et les pâtés qui venaient bondir sur la sienne, puisqu'on ne nous raconte pas que le vin ait coulé de la tonne municipale sans trouver un broc empressé pour le recevoir, puisqu'enfin ces hommes de peine, et de travail, qui ne demandaient pas, eux, mais qui recevaient avec tant de plaisir ce qu'on leur offrait, et se le disputaient avec tant de gaîté, n'ont pas été consultés dans une chose qui les concernaient seuls, il me semble qu'on n'aurait pas dû se presser si fort de leur ôter un de leurs divertissemens. Car c'était mal juger, en effet, que de trouver là une aumône flétrissante, une libéralité brutale, une épreuve moqueuse faite sur la faim et la misère. Ce n'est pas ainsi que pensaient ceux qui en prenaient leur part. Ils n'y cherchaient guères qu'une occasion de montrer leur force ou leur adresse, d'essayer leur bonheur; et s'il en résultait, au milieu de mille accidens risibles, quelques luttes sérieuses, quelques contusions, on leur a fait savoir qu'ils pouvaient courir plus de risques pour moins de profit.

Au moins ne leur a-t-on pas ôté les spectacles gratis, dernier reste de nos gaies saturnales, et dont plusieurs théâtres attendent le retour pour apprendre ce que c'est qu'une chambrée complète. Les spectacles ne sont cependant plus pour le peuple une de ces choses presque mystérieuses, dont il approchait rarement. Qu'il se soit élevé jusqu'à eux, ou qu'ils soient descendus jusqu'à lui, toujours est-il qu'il en connaît parfaitement aujourd'hui tous les prodiges. Aussi ne sont-ce pas les émotions et les merveilles de la scène qui font pour lui le charme principal de ces représentations; c'est la joie de s'y trouver le maître, de s'y installer sans façon, de pouvoir échanger sans contrainte, dans les entr'actes, ces interpellations bruyantes, ces paroles souvent pleines de sel et de malice, qui montent du parterre jusqu'au cintre, où elles reçoivent de plaisantes reparties. C'est pour cela qu'il ne s'offense pas de ce qu'on ait excepté quelques loges de l'envahissement général. Il n'est pas fâché qu'on sache comment il est chez lui. C'est pour cela aussi qu'il se montre peu difficile sur le choix de la salle où il doit se porter. Il va aux Français comme à l'Opéra. Tout lui est bon, parce qu'il sait qu'il est, à ses propres yeux, le personnage le plus intéressant de la fête qu'on veut lui donner. Il fait, à son tour, comme le beau monde; il va se voir.

Mais ce qui caractérise surtout un anniversaire de notre époque, ce qui lui donne une physionomie toute moderne, c'est la revue de la garde nationale; ce sont ces formidables bonnets, ces schakos élégans, ces armes brillantes, ces sacs menteurs, ces habits à couleur éclatante, ces plumes, ces buffleteries, ces épaulettes, qui couvrent et déguisent tous les rangs de la bourgeoisie, qui ne laissent apercevoir aucune trace de l'occupation ou de l'industrie à laquelle la vie de chacun est enchaînée. C'est encore la banlieue, aux pieds poudreux et au teint hâlé, venant de loin exercer, sous les armes, le droit de cité qu'elle a conquis. C'est toute une journée d'habitudes militaires, telles que le théâtre les a faites, et copiées avec une admirable facilité par le bureau, le comptoir ou l'établi. Ce sont les propos joyeux, les galantes témérités, les libations fréquentes qui remplissent la longue attente du moment solennel où l'on prendra ses rangs, où l'on passera, la démarche fière, le jarret tendu et l'œil distrait, devant toute une famille, heureuse de voir le chef du ménage au port d'armes. Et pourtant je ne sais comme il se fait que, lorsque tous les citoyens ont endossé l'uniforme, il se rencontre encore des milliers d'autres citoyens pour les regarder ; comment, lorsque la chaussée des boulevards et couverte de bataillons, les contre-allées, les balcons, les croisées, les tréteaux, sont peuplés aussi de jeunes élégans, à qui l'habit de l'état-major ou du garde à cheval siérait si bien, de grands flâneurs qui feraient de superbes grenadiers, et de gros gaillards aux mains épaisses, au visage rebondi, qui porteraient si agréablement la hache et la barbe du sapeur. Regardez dans les lignes, vous croirez que personne n'y manque ; cherchez parmi les spectateurs, vous croirez que toute la ville s'y trouve. Pour ma part, je ne vous dirai pas où je suis.

Enfin, quand tout le monde est bien rassasié de voir, bien las de marcher, une sorte de bivouac s'accroupit devant la place d'où le feu d'artifice doit jaillir. C'est là en effet le suprême effort de toutes les réjouissances, le dernier adieu du programme, le bonsoir de la préfecture. Après trente ou quarante fausses alertes que les gens d'esprit ne manquent jamais de répandre, les fusées s'élèvent, un temple se dessine en traits de feu; la gerbe resplendissante éclate, s'étend, se développe et retombe avec fracas. Une épaisse fumée plane sur le lieu qui vomissait des flammes, et la cité entière s'écoule vers ses demeures. De tous ces apprêts, de tout ce bruit, de toute cette dépense, il ne reste rien que des mémoires à payer.

Et si, au milieu du tumulte, vous avez perdu votre femme ou votre enfant; s'il vous est tombé sur la tête une baguette ou un lampion; si vous avez couru risque d'être étouffé par la foule; si, profitant de votre absence, des voleurs, qui n'étaient pas à la fête, ont pillé votre logis, vous aurez la satisfaction de lire le lendemain dans le journal :

« Aucun accident n'est venu troubler cette belle journée. »

LE JOUR DE L'AN.

CHAPITRE XXII.

Celui-là du moins a échappé à la politique. Il est de tous les règnes et de toutes les religions. Encore bien qu'il soit entaché d'une commémoration pieuse, inscrite en gros caractères dans l'almanach, sa destination l'a sauvé de la proscription. Peut-être aussi a-t-on pensé qu'une atteinte portée à cette vieille tradition de notre calendrier, soulèverait nécessairement toutes les parties prenantes dans l'immense distribution des étrennes, je veux dire, les enfans, les neveux, les filleuls, les femmes, les domestiques, les portiers, les facteurs, les porteurs de journaux, les tambours de la garde nationale, tous gens prompts à crier, à se plaindre, à faire une émeute; tandis que l'on favoriserait seulement les pères de famille, les oncles, les parrains, les célibataires qui dînent en ville, race paisible et de bonne composition, race taillable à merci, qui a l'habitude de payer et qu'il est bon d'entretenir dans cette excellente coutume. J'ai vu des choses bien plus sérieuses où cette comparaison, entre les ressentimens qu'on aurait à soulever et le soulagement qu'on pourrait obtenir, entre le faible murmure de la reconnaissance et le bruyant tapage du mécontentement, a suffi pour faire pencher la balance. Le jour de l'an nous est donc demeuré, malgré son antique origine qui tient de bien près au droit divin ; malgré ses formes surannées de politesse, ses mensonges de tendresse et d'embrassemens, ses fatigans devoirs de courtoisie, ses prodigalités sans plaisir, son tumulte sans gaîté. Sa ressemblance avec le budget lui a servi de protection. Les joies qui coûtent cher sont encore de notre siècle.

Le jour de l'an est un livre court et rapide qu'on dévore en quelques heures, mais dont la préface dure deux semaines. C'est par les préliminaires surtout qu'on peut juger de son importance. Aussitôt que le 15 décembre est arrivé, une fièvre d'emplettes semble avoir saisi toute la population parisienne. On ne sort plus pour prendre l'air, pour voir passer les voitures, pour se regarder au visage, pour rencontrer ses amis, pour savoir où en est la polémique des caricatures, pour épier au passage une mode nouvelle, ou recueillir sur le chemin un grand événement sorti tout frais de la Bourse ; on court, on se presse, on se coudoie sans s'apercevoir ; on cherche, on interroge la profondeur des boutiques ; on se penche sur les étalages : un percepteur, chargé d'appliquer la taxe mobilière, n'inventorie pas avec plus de curiosité le ménage du contribuable. Il y a de l'argent dans toutes les poches, et de l'argent qui ne veut pas y rester. Quelque résolution qu'on ait prise de s'associer par l'avarice à la détresse publique, de protester contre le régime nouveau par des épargnes, quelque vœu d'économie que l'on ait formé dans un moment d'humeur, il faut faire trève à ses chagrins, à ses regrets, à ses rancunes, à ses alarmes, et venir déposer son offrande au grand jubilé du commerce. Car déjà les marchands ont disposé sur leurs rayons les produits nouvellement façonnés par l'industrie, ou les rebuts d'une autre année, rajeunis avec soin et accommodés à la fantaisie courante; l'admirable instinct du profit les avertit de l'heure où le désir de se mettre en règle avec le jour de l'an fait sortir les Parisiens de leurs logis. Les marchandises sont exactes au rendez-vous des écus. L'intérieur des boutiques devient trop étroit pour les contenir, trop obscur pour les montrer. Elles s'échappent dans la rue, elles encombrent les boulevards, elles retrécissent les passages, elles envahissent les trottoirs. Elles viennent contraindre les passans à les honorer d'un regard en arrêtant leur marche, en s'accrochant à leurs habits.

On trouve partout une activité qui étonne, une foule qui étourdit, une agitation qui enivre. L'insurrection est moins bruyante, les réjouissances publiques moins tumultueuses. C'est une foire quant à l'échange de l'argent contre des bagatelles, mais une foire sans éclats de rire, sans folies, sans saltimbanques et sans mirlitons. Il y a sur tous les visages je ne sais quoi d'inquiet, de contraint et d'occupé. C'est qu'il manque à ce retour annuel de nos générosités l'inspiration soudaine, la rencontre heureuse, la spontanéité, la circonstance, la surprise, tout ce qui fait le charme d'une offrande pour celui qui donne comme pour celui qui reçoit. Chacun sent qu'il remplit une obligation, qu'il obéit à un devoir, qu'il satisfait à une convenance, qu'on l'attend à cette épreuve, qu'il sera jugé pendant douze mois sur sa libéralité du premier jour. Pour les riches c'est affaire de vanité, non de plaisir. Pour ceux d'une fortune médiocre, c'est un effort, un sacrifice. Je vous dirai ce que c'est pour les pauvres. Aussi suivez toutes ces belles dames qui descendent d'un riche équipage avec leurs maris (car on prend son mari pour ces courses-là) sous le vaste pérystile de Lesage, où l'on est si

fort à l'aise, devant la voûte obscure de Giroux, qui a conservé la coutume du gendarme; montez avec elles les degrés luisans de la Porte-Chinoise, ou l'escalier de Leblanc. On les reçoit avec de grandes révérences; non pas comme vous, acheteur honteux, dont la mine ne promet qu'un léger bénéfice, et sur les pas de qui l'on détache un surveillant, chargé d'épier vos gestes, d'exciter chez vous le désir, ou de faire violence à votre timidité. Les marchands se connaissent en amours-propres; ils ont le secret des passions mondaines. Voyez comme ils livrent aux mains de leurs belles visiteuses les colifichets les plus nouveaux, les plus étranges, les plus frivoles, en ayant soin de leur dire qu'ils en ont vendu de semblables au prince K...., à lady W...., à l'ambassadeur de.... ; autrefois ils avaient des noms français à prononcer. En présence de tous ces jolis riens, il s'établit à l'oreille de petites consultations tout à fait curieuses. « Ceci convien-
» drait bien à la fille de madame D.... — Bah !
» c'est une femme qui n'a pas de goût, qui ne
» va nulle part; elle ne connaîtrait pas ce que
» cela vaut. — Et ce joujou qui n'est pas cher,
» mais si ingénieusement travaillé, nous pou-

» vous le donner à Léon. — Ah bien oui! sa » mère court partout; elle saurait ce que cela » coûte. » Et la joie de l'enfant, si douce à recueillir, qui s'en occupe? personne.

Le plus amusant est lorsque vous vous rencontrez face à face, dans le bazar parfumé, avec la personne même que vous avez voulu gratifier, et que le cri « c'est affreux! » jeté en passant devant quelque objet vers lequel vous l'avez soigneusement conduite, vient anéantir dans vos mains toute la valeur d'un objet pareil, déjà choisi, payé, empaqueté, rangé dans le panier du commissionnaire, qui vient effrontément vous demander votre adresse et son pour-boire. Eh bien! dira quelqu'un, vous le garderez pour vous. Ignorant! comme si les choses qu'on donne étaient jamais celles qu'on voudrait recevoir.

Maintenant voulez-vous de la gaîté pure et vraie, le plaisir de donner dans toute sa naïveté, sûr du plaisir qu'il causera, sans crainte de la critique ou de l'évaluation dédaigneuse, sans aucune de ces appréhensions qui tourmentent nos vaniteuses libéralités? voyez tout le long des boulevards, sur la place du Châtelet, sur le Pont-Neuf, ces boutiques mobiles dont les murs et le plafond sont de toile, dont huit bâtons forment la charpente, qui ne paient ni loyer, ni patente, ni contribution mobilière, ni décime de guerre pour la conservation de la paix. Là sont les articles à bon marché; le luxe, dans sa plus grande profusion, y dépasse rarement vingt-cinq sous, maximum du petit commerce qui s'annonce à haute voix. La foule s'y presse et ne s'en éloigne jamais les mains vides. Elle marchande, elle dispute sur le prix, en plein air, sans se cacher, sans rougir, mais elle emporte. Quant à ce qu'on y expose, jouets, sucreries, ustensiles, je ne répondrais pas de la qualité. La forme ne s'y renouvelle pas souvent. Peut-être s'y trouve-t-il des bonbons qui datent de l'ancienne Charte. J'y ai vu, moi qui vous parle, une procession royale de la Fête-Dieu sur une belle feuille de papier coloriée. Vous aimeriez mieux, vous, une revue de la garde nationale. Mais enfin, tout cela, donné de bon cœur, reçu par des mains qui ne sont pas accoutumées aux présens, tout cela fera des heureux; et peut-être la riche héritière à qui l'on interdit l'usage d'un joujou de quatre louis (je crains de faire un anachronisme), enviera-t-elle le ménage de plomb ou de fer-blanc qui fait passer des heures si douces à l'enfant de sa portière.

. . . .

Il y a peu d'industries qui ne profitent de ce mouvement fécond, de cette prodigalité accidentelle. Je ne vois guères que les boulangers, les bouchers et les apothicaires qui n'y trouvent pas une augmentation de recette, qui puissent sourire à l'encombrement formé devant la porte de leurs voisins, sans jalousie, sans inquiétude, assurés de répéter à loisir sur les besoins, ce que les autres lèvent à la hâte sur le caprice. Mais tous les commerces, même de luxe et de fantaisie, n'y prennent pas une part égale. Si je ne craignais de me faire une querelle avec les plus ingénieux de nos fabricans, j'oserais dire que la perfection des colifichets, où la main-d'œuvre seule a quelque prix, est devenue un malheur sérieux. Depuis que l'on travaille avec tant d'art le bois, le cuir ou le carton, depuis que l'on imite les matières les plus précieuses avec une pâte grossière enduite d'un éclatant vernis, le goût des nobles et beaux ouvrages s'est perdu; ce serait duperie que d'y persévérer aux dépens de sa bourse, puisque la mode s'est mise du côté de l'économie. La préférence est décidément pour le bizarre; ce sont les brimborions que l'on étale, dont on se pare, que l'on montre aux survenans, dont on fait honneur à celui qui les a donnés, qui lui garantissent dans un salon la réputation d'homme charmant, de connaisseur délicat, qui font dire avec enthousiasme : « Il n'y a que M. Alfred pour trouver ces cho» ses-là. » Aussi la foule est-elle chez Susse, et la solitude chez Laurençot.

Le jour de l'an a, de tout temps, favorisé trois sortes de marchands : les libraires, les confiseurs, et ceux qui vendent les jouets d'enfans. Chez les premiers, il se fait à cette époque une sorte de révolution. Au fond de la boutique rentrent les livres d'un débit journalier, les romans à fortes émotions ou à titres scandaleux, les poésies lugubres ou patibulaires, les atrocités embellies de vignettes, toutes ces aimables noirceurs, ces dégoûts de la vie que racontent si bien une douzaine de bons vivans; comme aussi les pamphlets politiques de chaque parti, le pour et le contre des deux principes sociaux. Tout cela va sommeiller tranquillement sur les tablettes, pour laisser la place libre aux ouvrages de littérature mielleuse, de morale sucrée et d'enseignement récréatif. Sous ces enveloppes de maroquin, de veau, de basane, qui se pressent l'une contre l'autre, humides encore du travail, vous ne trouverez que de tendres sentimens, des pensées innocentes, de touchantes anecdotes, d'admirables exemples. Quand vous entrez là-dedans, au sortir de votre journal, vous ne savez plus où vous êtes. Du dix-neuvième siècle, vous remontez à l'âge d'or sans transition. Dans tous ces livres, les défauts du jeune âge reçoivent des réprimandes, ses bonnes qualités des encouragemens, le tout en langage de poupée, en sentences de bonbons. Il y a des écrivains, heureusement nés, qui ont un style pour ce petit caquetage, dont il semble que quelque bonne d'enfans leur ait révélé le secret. A côté de ces ouvrages uniquement inspirés par le désir d'être utile, et qui visent sans bruit aux prix Monthyon, viennent se ranger les recueils annuels de vers et de prose, rajeunis depuis quelque temps par des titres bizarres, mais surtout, et avec plus de bonheur, par l'emprunt fait à l'Angleterre de ses délicieuses vignettes. Cependant, pour ne contrarier personne, pour satisfaire toutes les habitudes, pour ne pas chagriner ceux qui préfèrent au vêtement de moire ou de tabis l'antique couverture de papier, ceux qui ont quelque peine à prononcer le mot Keepsake, qu'on écorche toujours, même à la Chaussée-d'Antin, il s'imprime à la sourdine encore un Almanach des Muses, encore un Chansonnier des Grâces.

Il n'y a pas beaucoup à dire sur les confiseurs. Leur art est borné; la matière que pétrissent leurs doigts ne peut recevoir une grande variété de formes sans exciter le dégoût, ce qu'ils manquent rarement de faire. Le mieux est donc de s'en tenir à la vieille routine des marrons glacés, des papillottes, des pralines, des diablotins et des pastilles. Les surprises même ont passé de mode; nous sommes dans un temps où l'on sait par cœur tous les mensonges. Ce qu'on demande aujourd'hui, ce sont de bonnes réalités comptées ou pesées dans un sac; les grandes personnes et les grands personnages ne veulent pas autre chose. Mais un art qui fait chaque année des progrès, c'est celui qui préside à la fabrication des joujoux. Le génie du siècle se retrouve tout entier dans cette imitation en miniature de toutes les choses qui servent à la gloire, au luxe, au plaisir, ou simplement à la vie des sociétés. Maisons, jardins, palais, cuisines, bibliothèques, bureaux, écuries, salons, habitations, meubles, bêtes et gens, le talent de l'ouvrier a tout reproduit avec une vérité, une délicatesse d'exécution, qui met les plus grandes choses à l'usage des plus faibles mains, à la portée des moindres tailles. J'y ai vu avec admiration une jolie cabane où étaient rangées plus de quatre cents personnes sur des bancs. Petits orateurs, petits ministres, petit président, petite tribune, rien n'y manquait. L'artiste même avait trouvé le moyen d'exprimer de petites passions sur ces petites figures : c'était à s'y tromper.

Le choix entre toutes ces bagatelles, le réglement anticipé de la distribution qu'on en doit faire, compose pendant quinze jours l'occupation exclusive du Parisien. N'essayez pas de l'en distraire. Il est sourd à tout autre intérêt. S'il n'avait pas, dans l'intervalle, une garde à monter, il oublierait presque qu'il est libre; tant ce loisir de suivre sa fantaisie ressemblerait à son ancienne servitude. Il ne voudrait dans son journal que des annonces. Les marchands surtout perdent le respect. Ils jetent avec humeur leur feuille favorite, toute noircie d'articles politiques, de discussions et de plaidoyers; ils lui reprochent, pour la première fois de l'année, de diriger avec trop de soin leur opinion. Ce serait un bon moment pour faire passer un coup d'état. Voyez seulement quelle figure fait l'émeute, venant se jeter à la traverse de cette cohue qui n'a pas le temps de se passionner, heurtant les étalages, arrêtant la course des voitures. On la regarde en pitié, comme on ferait d'une troupe de masques s'aventurant hors du carnaval. On ne lui accorde même pas l'honneur d'endosser pour elle le fourniment du soldat-citoyen. La circulation interrompue reprend aussitôt son cours, et il ne resterait aucune trace de ce petit dérangement, si la garde municipale ne s'en mêlait pas. Un brave homme, tout chargé d'emplettes dont il allait recevoir le prix, disait fort sensément en

…mbre : « Que n'attendaient-ils au mois pro-
» chain, nous aurions été de la partie ? »

Enfin, le grand jour est arrivé. L'ombre est encore répandue sur la ville, que déjà le sommeil de ses habitans est troublé. Malheur à qui s'est avisé de prolonger un peu tard sa veillée, et qui compte sur le repos du matin ! Six heures n'ont pas sonné, quand un roulement comme celui du tonnerre vient l'arracher à ses rêves de paix. Ce sont messieurs les tambours de la garde nationale qui viennent offrir leurs bruyans hommages aux chefs de la milice bourgeoise. L'inconvénient est que ces aubades n'arrivent pas à leur adresse sans ébranler tous les cerveaux du voisinage. En vain direz-vous, en grondant, à votre traversin que vous êtes étranger, sexagénaire, goutteux, magistrat ; ou bien encore que vous avez fait la loi, et que partant vous êtes dispensé de ses obligations. En vain, mesdames, demanderez-vous grâce pour vos nerfs, pour vos migraines, pour toutes ces souffrances que l'homme brutal tourne en dérision, et dont la moindre peut-être le trouverait sans courage. La diane est impitoyable, il faut la subir jusqu'au bout. Après cela, il n'y a plus moyen de refermer l'œil. Aussi bien, le portier attend déjà quelque signe de votre réveil. L'air gracieux, tenant à la main le journal qu'il ne lira pas aujourd'hui avant vous, vous le voyez s'agiter dans la cour avec le désir d'être aperçu. Désormais, votre porte ne s'ouvrira plus qu'à des figures épanouies. L'espoir d'une gratification se dessine, sur tous les visages de votre maison, en mines si affables, se déguise, dans le langage, sous des formules si pleines d'intérêt pour votre santé, de sympathie pour les peines que vous avez éprouvées durant l'année qui finit (car quelle année est sans douleur?) de souhait et d'espoir pour votre contentement parfait pendant celle qui commence, que, bon gré malgré, votre cœur se dilate, votre front se déride; et, comme on ne vous laisse pas un quart d'heure pour parcourir la discussion de la veille, vous voilà tout disposé pour une journée de bonheur.

Dans quelque obscurité que l'on ait renfermé sa vie, tout loin que l'on se soit tenu des routes encombrées par l'ambition, il n'est personne, si petit qu'il soit, qui n'ait son inférieur, son obligé, son brin de clientelle. C'est par là que commence la série des visites. La reconnaissance est matinale. Je ne soupçonne même pas un sentiment plus intéressé; car il est convenu ce jour-là de n'employer que des mots polis et bienveillans; le dictionnaire est réduit des trois quarts; aussi, n'y a-t-il pas de séance à la chambre. Ensuite se forment les scènes de famille qui varient pour vous, suivant le degré que vous avez acquis ou conservé dans l'échelle des générations. Là peut-être devrait se borner toute la solennité de cette journée, et je défierais au frondeur le plus intraitable d'y trouver le prétexte d'une moquerie. Car, avant de railler, il faudrait savoir ce que pèse le jour de l'an sur le cœur de l'orphelin, de l'exilé, de l'égoïste, de tout homme qu'un vice de son choix, ou une disgrâce du sort, a condamné à l'isolement. Comme elles sont longues à passer pour lui, ces heures qui ne suffisent pas à tous nos devoirs! Comme le vide s'étend autour de sa demeure! Comme il se trouve embarrassé de son existence, au milieu de cette multitude qui le presse, et où personne ne répond à son regard, ne lui adresse un sourire! Quelques mains se tendent vers lui, mais ce sont des mains avides qui lui demandent l'aumône d'une étrenne. De tous ces mercenaires qui lui vendent en passant un souhait, nul ne le connaît, nul ne sait ce qui lui manque!

Au lieu de cela, voulez-vous voir le jour de l'an dans tout son beau? prenez une famille complète que le temps ait respectée, où toutes les places soient remplies, dont aucune tempête n'ait dispersé les rameaux, où nulle trace de deuil ne vient troubler la joie des réunions. Placez, au sommet de la généalogie, le bisaïeul chargé d'années, et qui a vu passer douze constitutions politiques; à l'extrémité, une petite fille qui appèle le mois de mars pour lui compter son quatrième printemps; mettez en mouvement tout ce peuple de pères, de mères, de frères, de sœurs, d'enfans, et vous aurez de quoi fournir, au pinceau de Greuse ressuscité, mille pages touchantes que la plume ne peut décrire. N'est-ce pas déjà plaisir de voir comme les groupes se forment peu à peu avant de remplir le salon du vieillard? La jeune mère a reçu les premières caresses et donné les premières exhortations. Reine de son petit ménage, elle abdique bientôt son importance de fraîche date pour retrouver dans la maison de ses parens le rôle de fille, qu'elle a quitté, pour n'être plus que la sœur aînée, partant la moins choyée des enfans qu'elle mène avec elle. Lorsque cette nouvelle tige a rassemblé toutes ses branches avec leurs rejetons, le faisceau se porte tout entier chez le chef de la famille. Une émeute caressante vient fondre autour de son fauteuil, l'étouffe de ses embrassemens, jette sur ses genoux, entasse sur sa cheminée les complimens entourés d'un ruban rose, et les premiers essais d'un art nouvellement appris. Alors il ouvre la grande armoire, l'armoire bien connue de tous, celle dont la porte faisait palpiter si vivement autrefois des cœurs usés maintenant par les soucis et l'expérience. Les cadeaux y sont rangés, étiquetés, et passent tour à tour dans les mains des descendans assez jeunes pour recevoir encore, en commençant par le plus petit, comme le plus pressé. Tout cela est déployé, étalé, montré, comparé, et, dans quelque coin de la chambre, critiqué. A la valeur des objets, on sait tout de suite si la vieille maman a fait intervenir dans les acquisitions sa sévère économie.

Mais tous ces embrassemens, direz-vous, sont-ils bien sincères? ces mains qui se pressent affectueusement n'éprouvent-elles pas quelque frémissement involontaire de haine ou de rancune? Je sais que la concorde est rare entre les frères, plus rare entre les cousins, très-rare avec les gendres. Je sais tout ce que l'aigreur de nos haines politiques peut ajouter d'occasions à des inimitiés, excitées déjà par la rivalité des intérêts. Mais lorsque, dans le cours de l'année, tout est sujet de division et d'animosité, depuis la dispute d'un héritage jusqu'à ces puériles notabilités que l'on obtient par l'élection, n'est-ce donc rien que quelques heures où l'on se rapproche, ou l'on se voit, où l'on est obligé, par le respect de l'autorité paternelle, d'échanger une formule d'affection? Qui peut dire qu'il n'en résultera pas quelque réconciliation, quelque étonnement des causes frivoles pour lesquelles on s'était éloigné l'un de l'autre? Supposez que, sous les yeux de leurs pères, des enfans se prennent de querelle pour un chiffon, pour une dragée qui se brise entre leurs doigts mutins, les pères arriveront pour rétablir la paix, et peut-être tous deux, séparés jusqu'ici par toute la distance qu'ils s'imaginent trouver entre le droit divin et la souveraineté du peuple, se regardant avec surprise, s'écrieront en même temps, après avoir fait embrasser les deux marmots : « Eh ! mon Dieu, nous nous » sommes haïs pour moins que cela ! »

Le devoir des visites vient déranger ces entretiens. Car, quelque facilité que vous présentent les entrepreneurs de politesse à prix fixe, les facteurs de courtoisie, la petite poste de l'amitié, quelque confiance que vous puissiez avoir dans l'exactitude de M. L...., chevalier de Légion-d'Honneur, qui a particulièrement la pratique de la maison du roi, et qui veut bien, pour quelque sous, épargner à votre urbanité toutes ses fatigues; il est des personnes que vous êtes obligé de voir en face, des gens difficiles, exigeans, qui ne vous tiennent pas quittes, pour le bon accueil qu'il vous ont fait pendant un an, à moins d'une salutation, de deux ou trois phrases sur la nouvelle du jour, et de cinq minutes passées devant leur cheminée. Vous avez encore à parcourir les hôtels dont le maître veut bien consentir à n'être pas chez lui, mais se fait représenter dignement par le concierge, dépositaire d'un registre auquel vous devez votre signature. C'est l'affaire de l'après-midi, et ce qui vous sauve du ridicule dans ces courses rapides multipliées, dans ces stations de courte durée que vous faites devant les portes cochères, c'est qu'au même moment pareille comédie se joue chez vous; et l'habitude en est tellement prise qu'on ne rit pas le jour suivant lorsqu'on retrouve, dans les relations du monde et des affaires, les gens qu'on a fait semblant de chercher la veille. Après quoi vient le dîner de famille, bruyant, bavard, mais qui sent déjà la fatigue; dîner presque toujours mauvais, brûlé ou refroidi, parce que l'anti-chambre a son désordre aussi, et la cuisine ses distractions; puis une soirée que la présence des enfans qui s'endorment permet heureusement d'abréger, et où ne se basardent guères que de bons et vieux amis; le souhait de bonne nuit écanbgé avant l'heure ordinaire: et chacun va se coucher, bien las, moins content de ce qu'il a reçu que regrettant ce qu'il a donné, et sepréparant à faire, pendant tous le mois, beaucoup d'économies.

LE CHOLÉRA-MORBUS.

CHAPITRE XXIII.

On nous l'avait cependant annoncé bien long-temps à l'avance ; on nous avait fait suivre sur la carte sa marche rapide et menaçante. Le fléau voyageur n'était plus séparé de nous que par cette mer étroite qui nous ramène et nous remporte, avec la mobilité de ses flots, nos rois rétablis ou déchus. Et pourtant, ce voisinage nous inquiétait moins que ne l'avaient d'abord fait les récits venus des pays lointains, doublement terribles par la distance et par la nouveauté. Tout notre effroi s'était usé sur les premières descriptions de ses ravages, sur les premiers dénombremens de ses victimes. Car le Parisien ne saurait avoir peur long-temps du mal qu'il ne voit pas, lui qui s'habitue si facilement à ses misères. Et puis, quoi qu'on veuille lui dire, il a foi dans la salubrité de sa ville natale, dans l'air suave et pur que l'on respire, depuis l'Estrapade jusqu'à la rue du Rocher, dans la limpidité des eaux que roule la Seine enflée par d'innombrables égouts, dans les émanations bienfaisantes des ruisseaux qui parcourent nos rues. Comme l'épidémie se faisait attendre, il s'est imaginé qu'elle reculait devant nos calembourgs, nos caricatures et nos patrouilles; et déjà il l'avait oubliée, aussi complétement qu'un enthousiasme de l'année précédente, une émeute du mois dernier et un scandale de la veille. Rien n'avait donc été dérangé dans notre vie et dans nos habitudes. Tout allait, de cette marche incertaine et cahotée, qui n'a ni la douceur du repos, ni les distractions puissantes du mouvement. La législation en était au rejet du divorce, le budget à une économie de 15,000 francs, la diplomatie à son cinquante-deuxième protocole; l'art dramatique venait de fermer deux théâtres, et la politique, par un de ces progrès hardis qui caractérisent un grand siècle, était passée tout à coup des chapeaux cirés aux chapeaux rouges. Nous touchions à la fin de mars 1832. Nous allions bientôt revoir les feuilles, et ne plus entendre les discussions.

C'était par une de ces belles mais perfides journées du printemps, où les rayons précoces d'un ardent soleil font bouillonner trop tôt notre sang, et nous livrent, tout palpitans de cette chaleur nouvelle, au refroidissement du soir; temps fécond en rhumes, catarrhes, esquinancies et transpirations rentrées. De plus, c'était quelque chose comme une fête; car nous avons encore conservé du carême le jour qui en suspend les austérités. Toute la population se répandait avec empressement sur les boulevards, avide de voir, ou plutôt d'avoir vu un de ces travestissemens séculaires dont les enfans saluent l'apparition par le vieux cri du carnaval. Il y avait partout de la gaîté, de l'encombrement, de la poussière, et nulle part de la garde municipale, parce que la police ne reconnaît pas la mi-carême, et que, pour cette fois-là, chacun peut se divertir à ses risques et périls. Au milieu de cette foule joyeuse, allaient et revenaient sans cesse trente ou quarante masques heureux d'être regardés, de se voir montrer au doigt, et semant sur leur passage des propos orduriers qu'on leur avait vendus tout faits. Le ciel était beau ; mais il soufflait un âpre vent du nord, un vent à flétrir tout à coup sur leurs branches les fleurs naissantes de l'amandier. C'est alors, c'est au milieu d'une multitude épanouie, c'est parmi les rires, les gais discours et les folies bruyantes, qu'une affreuse nouvelle circule parmi les groupes ! Heureusement elle venait du *Moniteur ;* elle arrivait avec un caractère officiel, et l'on avait devant soi quelque temps pour en douter.

Comment pouvait-il se faire, en effet, que le choléra-morbus, car c'était lui dont on avait proclamée l'arrivée, le choléra, dont les derniers actes étaient datés de Londres, du lieu où se tient la conférence, fût venu tout d'un coup s'asseoir à

Paris, sans se faire reconnaître à la douane de Calais, sans être annoncé par le télégraphe! Ce n'est pas, on le sait, avec cette soudaineté que nous parviennent du même pays les actes qui terminent un embarras. Le choléra devait avertir le public de sa marche; il était obligé de fournir régulièrement ses étapes; il n'avait pas le droit d'être à Paris. Ainsi parlaient avec une feinte assurance les gens positifs; et cependant, comme le gouvernement affirmait qu'il avait pris toutes ses mesures contre le fléau, les gens positifs mouraient de peur. Mais ce fut bien pis le lendemain, lorsque les médecins, titulaires de la confiance administrative, publièrent leur charte de santé! Rien au monde n'entretient la crainte comme une nomenclature de préservatifs et de précautions. Chaque minutie du régime préventif ramène incessamment la pensée sur le danger qu'on veut éviter. Le moyen, je vous prie, de ne pas se troubler, lorsqu'on vous recommande surtout d'être calme? le moyen de ne pas trembler lorsqu'on vous assure que la frayeur tue? c'est l'action qui distrait; mais toute l'action de ce moment se reportait sur l'horrible fléau. Chez soi, l'on avait à remplir toutes les prescriptions médicales. Il fallait empuantir sa maison pour la désinfecter, démeubler sa chambre pour l'assainir. On sentait partout le choléra dans l'odeur sépulcrale du chlore. On le retrouvait dans la ceinture de flanelle, dans les chaussettes de laine; on s'habillait du choléra. Dehors, vous le retrouviez embusqué au vitrage de chaque boutique, vous menaçant de son gigantesque nom, si vous n'entriez pas bien vite acheter des flacons, des sachets, des gants, des pommades, des bonbons, des gâteaux, du vin de Rancio, du tabac, que sais-je? tout ce dont les magasins voulaient se dégarnir. Puis vous aviez encore la littérature cholérique (je ne parle pas ici de nos romans) étalant ses annonces, offrant de vous raconter pour votre plaisir les voyages de l'épidémie, ses haltes meurtrières, ses différens caractères, et la manière dont on en meurt. De quelque côté qu'il vous plût d'aller, le choléra vous poursuivait; il était dans la conversation commencée du salon où l'on vous annonçait; il était dans la rencontre de deux amis qui se serraient la main. On ne pouvait pas même l'éviter dans ces entretiens plus doux, plus solitaires, plus mystérieux, où les affaires, les préocupations, les ennuis et les inquiétudes de ce monde tiennent ordinairement si peu de place. Il planait sur les tendres épanchemens, prêt à faire descendre comme une barrière d'airain, entre deux cœurs émus, l'ordonnance qui défend les plaisirs trop vifs; on aurait voulu alors être marié. Les femmes surtout avaient pris l'épouvante; mauvais signe pour le courage des hommes. Car où serait la force de supporter les maux physiques, si elle ne nous venait pas des femmes, de leur exemple, de leur soins, de leur dévouement? Aussi était-ce pitié de voir ces lèvres, d'où coulent avec tant de charme les paroles de consolation et d'espérance, glacées par la crainte et fanées par le camphre, ces figures pâles et convulsives, ces yeux éteints et hagards, ces fronts, hier unis et lisses comme le blanc ivoire, qui se ridaient à pomper le poison volatil d'un sel ou d'une essence; de ne plus respirer, auprès d'une femme jolie, au lieu de son haleine embaumée, de sa chevelure odorante, qu'une maussade exhalaison de pharmacie. Enfin ce fut une grande affaire que la réforme subite de la cuisine. Il n'était si chétif estomac, habitué au régime débilitant, qui ne voulût se corroborer et s'affermir par des viandes succulentes, pas de toux qui refusât les toniques, pas de poitrine délicate qui craignît les stimulans; pendant que les mets proscrits, les alimens frappés d'interdiction, restaient honteusement dans la boutique, et servaient tout au plus à maintenir en bonne santé ceux qui ne pouvaient les vendre.

Ainsi s'occupait à des soins puérils le premier effroi causé par l'apparition du choléra. La fuite aussi s'offrait comme une violente ressource, et déjà le bruit public exagérait le nombre des émigrans. Il semblait que la consommation allait tout-à-coup s'arrêter, les promenades devenir désertes, les hôtels se dépeupler. Tout un quartier se désespérait en entendant circuler ces mots de sinistre augure, ces mots terribles pour les industries qui s'élèvent jusqu'au luxe : « Les Anglais s'en vont. » Cependant les étrangers peuvent partir, du jour au lendemain, au pied levé, comme un député qui n'emporte avec lui que sa malle et son vote. Mais combien y a-t-il dans Paris d'habitans domiciliés, payant patente ou contribution personnelle, à qui l'intérêt de leur fortune, de leur ambition, les engagemens de leur métier, les obligations, je ne dis pas les devoirs, de leur emploi, permettent un départ brusquement résolu, une absence dont on ne peut prévoir la durée? C'est là le privilége de quelques familles heureusement dotées de loisir et de revenu, pour qui l'Opéra et le bois de Boulogne forment tout l'horizon de la vie. Le plus grand nombre travaille, ne fût-ce qu'à la Bourse; le plus grand nombre est enchaîné par des liens qui le forcent à la résidence, ne fût-ce que pour émarger, le dernier jour du mois, une feuille d'appointemens. Tant il y a que le sauve-qui-peut n'entraîna que peu de fuyards. D'ailleurs une autre peur, qui tenait les gens cloués sur place, faisait équilibre avec celle qui les poussait à s'éloigner. On rapportait des exemples de personnes atteintes sur la route, hors de la portée des secours; et tout le monde ne pouvait pas emmener un médecin dans sa voiture, tenir tout prêt sur les coussins un appareil complet de traitement, et courir la poste en hôpital. La crainte de fuir donna le courage de rester. Puis vinrent les propos moqueurs, le ridicule qu'on redoute chez nous à l'égal de la peste; et enfin ces paroles imprudentes, ces paroles affreuses, jetées étourdiment pour soutenir de faibles cœurs qui défaillaient, répétées avec une dédaigneuse confiance; cette sentence, si complaisante pour la vanité, qui condamnait à mourir la portion la plus misérable de la population, et exemptait du fatal tribut les classes les mieux partagées.

Et le peuple, direz-vous, le peuple, que faisait-il dans ces jours d'agitation et d'épouvante? Oh! c'est ici qu'il faut s'étonner et se plaindre; c'est ici que je ne voudrais plus raconter ce que j'ai vu, qu'il me serait plus agréable et plus facile de vous fournir un de ces tableaux fantastiques où le coloris tient lieu d'observation et de vérité. Qu'a-t-on donc fait, grand Dieu! à ce malheureux peuple, à ces hommes qui vivent de travail et de souffrances, pour troubler à ce point leur instinct si vif et si prompt, pour égarer ainsi leur raison naïve? Est-ce donc pour l'amener là, ce peuple de France si spirituel, si fécond en piquantes saillies, rencontrant si juste dans ses jugemens spontanés, qu'on l'a proclamé souverain? Ou bien, à force de se voir toujours trompé, toujours déçu, aurait-il pris de lui-même la résolution d'une incrédulité systématique, d'une défiance entêtée, qu'il applique indistinctement à tout ce qui porte un caractère de révélation et d'autorité, de mystère et de puissance? Ce qu'il y a de certain, c'est que le peuple ne voulait pas croire à l'épidémie; cela était plus aisé en effet que de s'en préserver et de s'en guérir. Il protestait par la débauche contre la venue du fléau, il le défiait dans son ivresse; il poursuivait de ses railleries la foule timide qui assiégait les boutiques d'apothicaire; il en voulait surtout aux médecins, ces prêtres de la croyance matérielle, qui à leur tour ne trouvaient plus de foi. La mort seule, avec sa hideuse figure, devait bientôt lui parler ce langage fort et terrible contre lequel on n'a pas encore trouvé de sophismes. Mais ne pouvant la démentir, il voulut l'expliquer, et c'est dans les plus atroces combinaisons de la perversité humaine qu'il en alla chercher le commentaire; tant on lui a fait faire de progrès dans cette étude! Il niait le choléra, il accepta le crime comme une cause plus simple et plus naturelle. Il s'imagina qu'un vaste complot d'empoisonnement avait été tramé contre la population indigente, que l'eau des fontaines, le vin des brocs, la viande de l'étal, le pain aussi, ce pain qu'il trempe de sueur et qui l'accompagne dans ses travaux, recevaient chaque jour d'une main invisible quelque assaisonnement meurtrier.

Ne mêlons pas d'autres torts à cette démence populaire, qui a du moins l'excuse du désespoir et de l'ignorance. Oublions, s'il se peut, que les haines politiques voulurent en faire leur profit, et qu'au moment où la vengeance du peuple se montrait incertaine, des voix se firent entendre pour lui désigner des victimes. Pour lui, le peuple, il s'était mis sur le pas de sa porte; il rôdait soupçonneux et sombre le long des rues, cherchant partout une figure d'empoisonneur, épiant les regards et les mouvemens de ceux qui ne lui paraissaient pas assez sûrs de leur chemin, assez résolus dans leur marche. Malheur alors, malheur à qui conservait l'habitude d'une allure nonchalante, rêveuse, indécise. L'habitant le plus inoffensif de la cité, le flâneur était devenu suspect. Il y avait danger à prendre du tabac, à manger des pastilles, à s'arrêter devant les enseignes. Le peuple n'a qu'une façon d'exprimer sa colère, et il a des milliers de bras pour la servir. N'allons pas plus loin, ne le suivons pas dans ses recherches, n'assistons pas à sa justice; nous trouverions du sang, des cadavres, et d'horribles mutilations.

Cependant, l'épidémie poursuivait sans pitié sa récolte de morts, et l'on eût dit vraiment qu'il y avait, dans la puissance inconnue qui dirigeait ses coups, quelque chose d'intelligent et de moqueur, tant elle se montrait prompte à renverser toutes les assertions de la science, à démentir toutes ses prédictions, à nous ôter l'une après l'autre toutes nos espérances; tant elle semblait trouver un malin plaisir à ne pas se laisser comprendre. Ainsi, à peine l'avait-on reléguée dans les parties étroites et malsaines de la ville, qu'elle s'établissait aux lieux où l'air trouve le plus d'espace, où les habitations s'étendent le plus à l'aise. On lui livrait la misère; elle s'emparait aussitôt de l'opulence : on lui abandonnait les corps infirmes et décrépits; elle se jetait sur la jeunesse et la beauté. Au moins, prétendait-on que les enfans n'étaient pas de son domaine, et elle trouvait, dans ces êtres faibles et rians, de la place pour tous ses ravages. Elle confondait les fortunes, elle accouplait les sexes dans la tombe, et levait encore une dîme sur le berceau. Que faire donc avec ce mystérieux, cet insaisissable ennemi qui était partout, et ne se révélait que par des atteintes profondes qu'on ne pouvait éviter ni prévoir; capricieux dans le choix de sa proie, mais d'un si constant caprice qu'on l'eût pris pour une volonté? Des gens simples auraient prié, et peut-être en avait-on bien envie. Car, enfin, la prière occupe. Elle emploie des mots plus honnêtes et plus nobles que ceux de l'hygiène; lorsqu'elle n'élève pas l'âme, elle distrait du moins l'esprit. Elle établit un commerce de pensées avec un pouvoir supérieur; elle fait remonter l'espoir jusqu'à cette source impénétrable des biens et des maux, où, malgré nous, la crainte nous emportait. Mais il manquait à ces velléités de foi suppliante l'encouragement d'un exemple public, d'une manifestation solennelle, et nul n'osait s'y hasarder. Voyez en effet la belle figure qu'aurait faite le gouvernement d'un grand peuple, allant avec sa royauté, ses cours de justice, son cortége de magistrats, de dignitaires et de guerriers s'agenouiller pieusement devant les autels, où tous les citoyens font sanctifier leurs mariages, réclament l'eau du baptême pour leurs enfans, et la dernière bénédiction pour leurs pères; unissant toutes ces voix à celle du prêtre pour demander à Dieu qu'il éloigne de nos têtes un fléau qui ne vient pas des hommes, et que l'art humain ne peut conjurer; rappelant ainsi aux malheureux qui souffrent, aux mères qui s'effraient, que, par-delà les ressources de la terre, il leur reste encore un secours! Vous me direz peut-être que vous ne trouvez là rien de ridicule, rien d'illégal, rien qui soit incompatible avec la liberté, la Charte ou le programme. Ni moi non plus, en vérité; et jusqu'ici aucun pays n'avait cru compromettre sa civilisation en agissant ainsi. Mais la nôtre est plus délicate et bien autrement susceptible; elle n'accorde rien aux faiblesses du cœur; elle a peur du qu'en dira-t-on; et tout ce qu'elle pouvait nous offrir de plus utile, de plus consolant, de plus salutaire dans nos terreurs, c'était le conseil charitable de nous tenir toujours le ventre et les pieds chauds.

Toutefois la religion s'est montrée. Voyant

qu'on n'allait pas à elle, elle est venue vers nous. Pour obtenir un meilleur accueil, elle s'est faite infirmière; c'est un emploi qu'elle connaissait déjà. On lui avait laissé des ruines; elle les a offertes; on se serait offensé d'une cérémonie expiatoire; l'expiation s'est faite sans bruit, sans scandale, sans reproche. Des malheureux ont gémi, des pauvres ont été soulagés là où s'était assouvie une colère insensée; le lieu est redevenu saint, et la trace de la violence a disparu. Mais ce n'a pas été sans peine que la religion a pu obtenir sa part de soin et des périls. L'administration est jalouse; elle craignait qu'on ne lui détournât ses malades, qu'on ne lui débauchât ses mourans. Elle s'inquiétait d'une agonie qui n'aurait point passé par ses mains, ou d'une convalescence soustraite à sa police. Les révolutions nous font une belle science! Elles nous apprennent à trouver de la perfidie dans la charité, et des complots dans une aumône.

Et les jours se passaient bien longs, bien tristes; les nuits sans amour et sans sommeil. Le matin on déployait en tremblant les journaux; ce n'était plus pourtant la politique qu'on y cherchait, les émeutes, les débats de la tribune les nouvelles télégraphiques, les résultats si lents de la diplomatie; une nouvelle insurrection, s'il en restait une à faire quelque part, n'aurait pas même trouvé de sympathie. Ce qu'on voulait, c'était le chiffre des morts, ce chiffre terrible qui augmentait sans cesse. Et pourtant les journaux mentaient; soyons justes, ils ont menti quelquefois à moins bonne intention. Tels qu'ils étaient, le cœur manquait en les lisant. Qu'aurait-ce donc été si des registres mieux tenus, si un renfort d'employés établi à temps, si des communications plus complètes avaient pu fournir à chaque jour sa triste vérité! Après cela venaient les formules rassurantes, variées avec un remarquable talent. Si la mortalité s'accroissait, c'était bon signe, elle ne durerait pas. Si elle diminuait, c'est que le mal touchait à sa fin. Si elle reprenait des forces, c'était un dernier effort qui allait bientôt l'épuiser; vrai langage de nourrice pour endormir l'enfant qui se lamente. Et tout le monde se payait de cette monnaie; tout le monde, excepté quelques fanfarons de pessimisme, les plus effrayés, je vous jure, que vous ayez pu rencontrer dans ce moment d'effroi, gens qui, lorsqu'ils sont assez heureux pour tenir un malheur, ne le lâchent pas avant d'en avoir tiré toutes ses conséquences possibles, et vous épouvantent tout exprès pour que vous leur rendiez le service de les contredire. C'était pour ceux-là surtout qu'était faite la liste des morts qui avaient un nom, qui obtenaient l'honneur d'une fosse particulière dans le nécrologe quotidien. Car le moment était bon pour ceux qui seraient fâchés de quitter ce monde sans y laisser quelque bruit. On gagnait de la popularité à mourir. Il n'était personne qui ne voulût avoir connu les défunts de quelque importance, et fournir des détails sur leur constitution, sur le cours de leur maladie, sur le traitement qui n'avait pu les sauver. Il se trouva même des gens fort bien portans qui eurent le plaisir d'assister à leur célébrité posthume, d'apprendre en se levant combien la société les regrettait, et de recevoir à déjeûner les conviés de leurs obsèques.

Mais c'était dans les rues surtout qu'il y avait besoin de précautions pour ne pas se heurter contre une cause d'émotion trop vive. Ce n'est pas que le nombre des allans et venans y manquàt, que la circulation fût de beaucoup diminuée; les marchands vous diront seulement avec de longues doléances, et en vous montrant d'immenses lacunes dans leurs registres, que tout ce monde répandu par la ville y marchait inquiet, affairé, préoccupé, sans curiosité, sans caprice. Ce qu'il y avait à craindre, c'était la rencontre des cercueils, accident journalier et vulgaire pour lequel nous avons ordinairement peu d'attention, à moins qu'il ne s'y joigne le cortége obligé d'un dignitaire, ou l'escorte guerrière d'un soldat citoyen, mais qui nous frappait alors comme une menace. Les mairies surtout étaient d'un voisinage dangereux; car c'est là que se trouve le vestiaire de la mort: et vous risquiez à chaque instant d'avoir derrière vous un homme noir qui portait sur son épaule la dernière emplette du riche, la dernière aumône du pauvre, un habillement à votre taille. Puis c'était le corbillard qu'on paye, celui dont l'administration est toujours fournie, conduisant avec quelque reste de solennité la dépouille privilégiée d'un contribuable; le char gratuit, qu'on reconnaît de loin à l'air ennuyé du cocher qui n'attend pas de pourboire, et où les morts entassés, gerbés l'un sur l'autre comme des futailles, perdus sous leur commune enveloppe de sapin, trompaient quelquefois la douleur fidèle des survivans; enfin ces voitures d'emprunt, ces larges tapissières voilées d'une sombre toile, ces omnibus funéraires, inconnus jusqu'ici de la population, et qui transportaient, vers le logis d'où l'on ne sort plus, leurs mystérieux déménagemens. Parfois aussi vous pouviez voir arriver un groupe d'hommes aux membres robustes, à la poitrine large, au front sillonné par la fatigue, au costume simple et grossier, qui, las d'attendre le chariot municipal, l'ensevelisseur officiel et le deuil authentique, avaient chargé sur leurs bras le corps d'un ami, couvert pour tout ornement funèbre du drap blanc enlevé à sa couche; spectacle touchant en vérité, devant lequel il fallait s'arrêter avec respect, et qui pouvait bien être une contravention; matière de poésie et de procès-verbal.

Malgré toutes ces tristes pensées, ces récits désolans, ces funestes rencontres, rien n'était suspendu dans le mouvement des affaires, et l'on affichait même chaque matin les plaisirs du jour.

Les marchands ouvraient leurs boutiques ; les restaurateurs tenaient leurs fourneaux allumés ; les cafés se contentaient d'ajouter le tilleul et la menthe à leurs préparations habituelles ; les fiacres roulaient ; les bourgeois montaient leur garde ; les journaux se remplissaient de discussions et de nouvelles ; la justice poursuivait son cours ; le jury prononçait sur les conspirations et les offenses ; la Bourse avait ses mouvemens de hausse et de baisse ; la politique, ses espérances et ses mécomptes. L'émeute aussi s'était montrée un instant dans les premiers jours de l'épidémie, comme pour lui faire accueil. Paris semblait n'avoir perdu qu'une seule de ses habitudes, celle du mariage ; nul n'était assez sûr de sa vie pour la lier à celle d'un autre. Du reste, toutes les industries allaient leur train comme pour ne pas se désaccoutumer de produire ; je crois même, sans pouvoir l'assurer, qu'il sortit un roman de l'atelier.

Mais un courage que l'on doit admirer, ce fut celui des théâtres déjà si languissans, si malheureux, si délaissés, aux jours où l'on avait encore un peu de joie et de loisir. Les théâtres ouvraient leurs portes tous les soirs; et là, devant un simulacre de public, plus attentif peut-être à sa digestion qu'aux jeux de la scène, il fallait que de pauvres comédiens, inquiets eux-mêmes de leurs entrailles, ou frappés dans leurs affections, vinssent débiter leur rôle, grimacer la gaîté ou feindre un autre trouble que celui dont ils étaient émus. Tout cela, pour qu'il ne fût pas dit que l'épouvante était dans la cité, pour fournir des distractions à des gens qui n'en cherchaient pas, pour que l'éclairage des spectacles, brillant la nuit dans les rues désertes, vînt détourner les yeux de ces lanternes rouges que le vent balançait à la porte des ambulances. On a donné de l'argent aux directeurs pour les dédommager ; c'est fort bien. Mais il me faut, et je le dis sérieusement, des couronnes civiques pour les acteurs ; dussent-elles être décernées par les hommes qui ont quitté leurs bancs en désordre, à ceux qui sont restés fermes sur leurs planches.

Il en faudra aussi pour les médecins : car l'épidémie n'est pas assez loin de nous pour que nous recommencions à nous moquer de leur science.

Si l'art a été plus faible que le mal, s'il s'est montré incertain, s'il a tâtonné, s'il en est encore au doute après une longue et cruelle expérience, le zèle a été immense, héroïque, admirable. Dans cette lutte généreuse contre un secret meurtrier de la nature, rappelons-nous qu'à côté des victimes il s'est trouvé des martyrs. Les médecins d'ailleurs ont agi avec courtoisie; ils ont attendu que la maladie se fût apaisée pour proposer leur doctrine, pour mettre au jour leurs débats et leurs modes divers de traitement. Ils ne se sont pas disputés sur le lit du moribond. Là, chacun, suivant ses principes, a travaillé de son mieux, et chaque méthode s'enorgueillit de ceux qu'elle a sauvés. Ne portons donc pas un regard indiscret sur leurs différends, de peur qu'à leur tour, il ne leur prenne envie de dire nos alarmes et nos faiblesses, les imaginations qu'il leur a fallu calmer, les terreurs qu'ils ont prises en pitié, et les santés florissantes qu'ils ont été obligés de guérir.

Or, à présent que nous n'avons plus rien à craindre, que l'épidémie va visiter d'autres lieux, que peut-être, après avoir affligé quelques parties de notre France, elle portera ses ravages dans des contrées qui n'ont pas encore reçu nos mœurs, avouons-le franchement, nous à qui il en coûte si peu pour être sublimes, nous n'avons pas su prendre une noble attitude en présence du choléra. Il est vrai qu'il nous a traités avec une préférence de haine toute particulière. Mais enfin il ne nous a trouvés ni audacieux, ni résignés; ni insoucians, ni soumis. Il semble que quelque chose nous gênait dans la manifestation de ces pensées communes qu'un danger commun fait naître chez les hommes. Nous sommes restés indécis entre la bravade et la prière, renfermés en nous-mêmes, chacun pour soi, n'osant pas nous aventurer à des sentimens qu'un autre caprice aurait pu désavouer. C'est qu'aussi jamais grande désolation n'a plus mal choisi son moment pour tomber sur un peuple. L'union de tous les esprits dans une même croyance, dans une même affection, dans une même idée d'avenir, n'aurait pas été de trop pour faire face à celle qui vient de décimer si cruellement une population désunie, pleine de rancunes et de défiances.

A la fin, moyennant un tribut de vingt mille

morts, nous pouvons nous en croire quittes, respirer quelque temps, et nous dire avec un faible espoir de répit : « Voici encore un fléau de passé : à qui le tour maintenant? »

LES VISITES DOMICILIAIRES.

CHAPITRE XXIV.

N'avez-vous jamais vu donner la question?

Non sans doute; et vous vous promettez bien de ne pas voir pareil spectacle en votre vie. Vous vous félicitez d'être né dans un bon temps, dans un pays éclairé, qui a déchiré toutes ses lois barbares, qui s'y est repris vingt fois pour en faire de nouvelles, sous l'influence des doctrines les plus favorables à la liberté, à la dignité de l'homme, doctrines proclamées en des centaines d'orateurs, développées en des milliers de volumes. Après que l'on a discuté et décrété pendant quarante ans, une autre révolution a encore consacré ces principes par la puissance de l'insurrection. C'est bien; vous voilà tranquille, n'ayant d'autre précaution à prendre que d'aller aux Champs-Elysées quand l'émeute est à la Bastille, de ne porter aucun signe extérieur réputé séditieux, de ne rien écrire contre l'ordre établi, ce qui est assurément la chose du monde la plus facile; de vous tenir éloigné des lieux où passent les cortéges, de bien reconnaître les gens quand vous conduisez un cabriolet, pour savoir qui vous pouvez éclabousser et bousculer sans crime; de ne confier à la discrétion de la poste que des lettres de commerce, d'amour ou de faire-part: et vous devez vous croire en règle avec le procureur du roi. Car les gouvernemens populaires ne sont pas soupçonneux.

Au pis-aller, quand il vous arriverait par

mégarde, quelque imprudence du genre de celles que vous devez éviter, quand vous auriez à craindre la rancune des gens autorisés, pour le moment, à lancer mandats d'amener et réquisitoires, à faire mouvoir gendarmes et sergens de ville, vous savez du moins qu'après quelques semaines de secret, quelques mois de prison, interrogatoires, confrontations et supplément d'instruction, vous arriverez enfin au grand jour des assises, qui fera luire votre innocence.

Et là-dessus vous prenez vos aises; vous arrangez commodément votre existence. Vous voulez profiter, dans toutes ses innocentes prérogatives, de ce bonheur, de cette sécurité, que vos pères ne connaissaient pas, et qui vous ont coûté, ce semble, assez cher. On vous a dit surtout que le domicile du citoyen est sacré, inviolable. On vous a traduit de l'anglais ce mot sublime, qui sert à la démonstration d'une règle grammaticale : « Le vent peut entrer malgré » moi dans ma chambre, le roi ne le peut pas. » Et comme vous ne vous connaissez aucune dette, comme vous n'avez pas à craindre l'intrusion légale d'un huissier, vous disposez, selon votre fantaisie, ce sanctuaire de la vie privée, que vous croyez impénétrable.

Vous avez des murailles à garnir ; vous y attachez tout ce qui récrée vos yeux. Portraits de qui vous plaît à voir, visages grotesques qui vous font rire, sites pittoresques ou scènes d'histoire ; vous alignez vos auteurs sur les rayons d'acajou que protége le verre de Bohême ; vous couvrez vos meubles, vos cheminées de bronzes, de cristaux, de porcelaines, de tous ces riens que le caprice rend précieux ; vous serrez votre argent le mieux qu'il vous est possible, et, sous la clef qui ne vous quitte pas, vous enfermez quelques chiffons de papier pour lesquels vous donneriez peut-être tout le reste, parce qu'ils contiennent le secret de votre cœur, ou, ce qui est plus saint encore, la nudité intime d'une âme qui s'est confiée à vous. Quant à vos occupations de tous les jours, aux caprices de votre pensée, à vos affections courantes, les traces en sont partout répandues sur votre bureau, pêle-mêle avec des journaux et des brochures, sur votre cheminée, parmi les cartes de visite et les circulaires. Vous vous posez en maître au milieu de ce petit royaume que l'usurpation ne peut atteindre; vous vous étendez avec contentement dans votre trône élastique, garni de bons coussins pour reposer la tête, et vous êtes fier de vous dire : « Tout cela est à moi; nul n'y saurait mettre le pied, y jeter le regard sans » mon congé. Nul n'a de puissance ici que moi, » quand ma femme est sortie. Je n'ai rien à redouter pour tout ce qui m'entoure, que les » voleurs, le pillage et l'incendie. » Après quoi vous allez vous coucher, ayant soin de bien fermer les portes, de déployer votre garde-feu, et de ne pas lire dans votre lit un ouvrage trop vanté, de peur que le sommeil ne vous surprenne sans que votre bougie soit éteinte. Bonne nuit, heureux citoyen de la nation régénérée !

Vous dormez encore du sommeil de l'homme libre. Vos yeux, qui se sont à demi ouverts entre deux songes, n'ont pas été avertis par le jour de soulever leurs paupières. Vous avez repris votre somme, et vous rêvez déjà peut-être une douce journée comme celle de la veille. Six heures sonnent sans que vous ayez entendu le timbre argentin de la pendule. Tout-à-coup votre porte cochère est ébranlée par des coups violens. Je suppose bien que ce bruit n'a pas pénétré sous vos rideaux. Mais il recommence à la porte de votre appartement ; et votre femme, toujours la première éveillée (pardon, cher lecteur, si je vous fais marié), votre femme vient chercher refuge auprès de vous. Enfin vous prenez votre fusil de garde national et vous allez reconnaître l'ennemi. A travers le panneau qui frémit sous le poing des assiégeans, vous demandez avec un ton assuré : « Qui va là ? » Une voix plus ferme encore que la vôtre, vous répond : « De par le Roi. » Que si vous voulez argumenter, parler de Charte, de Code, on vous signifiera du dehors qu'on va faire venir un serrurier. Comme vos verroux sont à l'épreuve d'une attaque ordinaire, et que vous craignez un trop grand dommage pour votre clôture peinte à deux nuances, et enduite d'un beau vernis, que la pince officielle déchirerait sans pitié, vous ouvrez ; c'est le plus sage.

Alors se présente devant vous, devant votre femme demi-nue, d'abord un fonctionnaire en écharpe tricolore ; puis un autre le corps serré d'une ceinture bleue sur laquelle sont brodés je ne sais quels signes; derrière eux, huit ou dix grands gaillards, déguisés en habit bourgeois, et armés d'une lourde canne. Votre domicile dont vous étiez si avare, où l'on n'introduisait qu'une figure connue, à la porte duquel il fallait essuyer ses pieds et ôter son chapeau, appartient maintenant à tous ces gens-là. Au signe que fait leur chef, les grands gaillards se postent à chacunes des issues, et plongent déjà leurs regards dans la profondeur obscure de votre appartement.

Votre premier soin, bien entendu, a été de demander l'ordre en vertu duquel on se présentait chez vous, et la nuit encore. Le fonctionnaire vous explique poliment qu'il fait jour légal, et vous présente, à la lueur de votre bougie, sa montre qui ne se dérange jamais. Quant à l'ordre, il vous le remet soigneusement plié. Ceci vous calme un peu; car vous vous attendez à voir la signature d'un magistrat, d'un juge, qui a examiné par lui-même, qui peut se tromper, mais enfin qui agit et décide sur un commencement de procédure, avec les formes de la loi, et sous la garantie de son caractère inamovible, de ses lumières acquises, de son honneur, de son indépendance, de la justice enfin, dont les devoirs lui sont dictés par ses sermens. Au lieu de cela, vous trouvez le nom d'un préfet de police, homme élevé sans doute en dignité, largement rétribué, chargé d'une administration importante, mais aussi qui, à raison même de l'énorme surveillance confiée à ses soins, ne peut tout voir par ses yeux, tout ordonner par sa volonté, tout régler par sa conscience, qui obéit, qui approuve, qui ordonne, mais qui ne juge pas; qu'on renverra demain s'il a mal fait son office; qui n'est pas magistrat, dans le vrai sens du mot; instrument, si l'on veut, mais non organe de la justice.

Vous dites tout cela au commissaire de police; car c'en est un, mais non celui de votre quartier; celui-ci est occupé ailleurs à pareille besogne. Il vous fait observer qu'il n'est pas venu pour disserter, mais pour verbaliser; qu'il y a tout près de votre demeure un poste de garde municipale; qu'il vaut bien mieux que tout se passe sans esclandre et sans bruit. Comme, de votre nature, vous estimez fort les commissaires de police, voire même les officiers de paix, dont l'emploi, dans la vie ordinaire, est utile pour votre repos; comme, de plus, vous avez reconnu, sous le chapeau rapé et la redingote mal ajustée qui couvrent nos grands gaillards, des visages de sergens de ville, à qui vous avez toujours voulu du bien, vous vous laissez faire; d'autant mieux qu'on vous promet d'insérer votre protestation sur le procès-verbal, et qu'il vous reste la ressource d'une pétition aux Chambres; deux grandes consolations assurément.

Sur quoi, tout ce monde en écharpe, en ceinture, en casaque, en bottes cirées ou en gros souliers, se répand dans votre logis. On furète dans les armoires, sous les couchettes, dans les recoins les plus secrets; on découvre les mystères de votre toilette et de vos infirmités; l'officier de paix, qui est un jeune homme, explore le lit encore chaud de votre femme. Les grands gaillards portent leurs mains épaisses sur ce que vous avez de plus frêle, de plus délicat. Cette première perquisition a pour but la recherche des armes. Car, quelles que soient vos habitudes pacifiques, votre profession, on suppose toujours que vous devez avoir un arsenal tout prêt pour les conspirations. La police rêve fusils.

Mais elle rêve aussi papiers; et c'est là le plus honteux égarement où l'entraîne son pouvoir mal défini, mal limité par tout notre fatras législatif. Le commissaire de police s'asseoit devant une table, et là il faut que tout ce qu'on pourra trouver empreint d'encre dans vos tiroirs, sur votre bureau, dans vos cartons ou vos portefeuilles, vienne subir de sa part un lent et curieux examen. « Mais tout cela, direz-vous, rouge d'in-
» dignation et de colère, tout cela c'est ma vie,
» c'est mon être moral, c'est ma pensée, ce sont
» mes affections, mes chagrins, les plaies de
» mon âme, c'est ma conscience, qu'un homme
» va dépouiller, analyser, rouler entre ses mains,
» profaner de son regard. Ceci encore, c'est la
» confidence d'un autre, dépôt remis à mon
» honneur, sur lequel nul ne peut jeter la vue
» sans que je sois coupable de trahison. »

Eh! mon Dieu, qui vous dit le contraire? Seulement, hâtez-vous de remettre la clef de votre secrétaire, si vous ne voulez pas encore qu'on aille chercher le serrurier.

Et voilà tous mes gens à l'ouvrage, comme si vous étiez mort et qu'on procédât à votre inventaire; les grands gaillards ramassant, l'officier de paix disposant, et le commissaire parcourant tout ce qui a forme de notes, de correspondance et de documens. Alors on voit les titres de votre famille, l'état de vos affaires, les mémoires de vos fournisseurs, la situation de votre caisse, qui deviendrait suspecte, et passerait facilement pour le trésor de la faction, si elle était par hasard trop garnie. Puis on arrive à la partie délicate, aux missives que vous avez peut-être rangées en paquets séparés, ce qui serait plus commode. Là on apprend vos relations de parenté, d'intérêt et d'amitié; on sait avec qui vous êtes en communication de sentimens, ou en échange de reproches. On trouve des lettres de votre femme, écrites durant une absence. Opprobre! on les lit devant elle, qui ne peut se défendre contre cet outrage, devant vous qui ne pouvez la venger.

Enfin, quand les yeux de l'explorateur se sont

bien fatigués à chercher les traces du complot absent, le procès-verbal est clos, toute la bande envahissante se retire avec de grandes civilités, et vous laisse votre logis bouleversé, sale, en désordre; emportant pour toute capture les secrets de votre vie domestique, dont elle pourra se réjouir; plus un pistolet démonté, deux chansons et une feuille couverte de chiffres qui contiendrait peut-être le plan de la conspiration, si ce n'était pas tout simplement le relevé de votre livre de cuisine. Et le lendemain un journal imprimera : On a fait hier une perquisition chez M.... Elle a produit la découverte de papiers très-importans.

Maintenant, zélé croyant de la civilisation moderne, dites-le-moi, êtes-vous bien fier de ce qu'on ne donne plus chez vous la question? êtes-vous bien rassuré parce qu'on vous a fait beaucoup de lois nouvelles? Ce que je viens de vous raconter ne vous paraît-il pas une procédure des temps barbares? Si vous me demandez quelle loi il faut abolir pour empêcher cette sauvage infraction aux droits du bon sens, de la morale et de l'honnêteté publique; aucune, vous dirai-je;

car nulle ne l'autorise. Seulement il faudrait, un beau jour où votre législature n'aura rien à faire, pas de disputes à vider sur les mots, pas de ressentiment à satisfaire contre les personnes, voter quatre lignes, déjà écrites dans le cœur de tous les hommes, formant le premier axiôme des peuples parvenus à l'état social, pour rétablir un principe sans lequel le mot de liberté, qui flotte sur nos bannières, est une atroce moquerie. Je crains bien que cela ne puisse pas encore se faire dans la session prochaine.

LE FLANEUR.

CHAPITRE XXV.

Je ne sais quel est l'ignorant, le flatteur, l'homme de l'ancien régime, la tête poudrée, le rétrograde, qui, voulant exprimer fortement son droit de propriété sur une chose qu'on lui disputait, s'est imaginé le premier de dire : « Ceci

» est à moi comme Paris est au roi. » Et pourtant la langue des proverbes, où l'on assure que se trouvent la vérité triviale et la raison populaire, a recueilli soigneusement ce beau dicton rimé. Il y a, comme cela, une foule d'hérésies dans les formules traditionnelles qui servent à la morale des coins de rues; et c'est tout au plus si, depuis les journées de juillet, on a cessé d'appeler la voie publique, « le pavé du roi. » Du moins, la Chambre des députés n'a-t-elle pas consacré une seule séance à délibérer sur cette expression, bien autrement offensante pour les instrumens de la victoire que ne pouvait l'être pour les vainqueurs la qualification de sujets. Et voilà comme on perd tout le fruit des révolutions!

Or, Paris appartient, sans contredit, à celui qui jouit librement de son spectacle mobile, de ses trottoirs et de ses chaussées, de ses promenades, de ses boutiques, de ses monumens, de ses plaisirs. Et, à ce compte, quel droit peut y prétendre un roi qui, fût-il le plus citoyen du monde, eût-il le parapluie le plus bourgeois et le chapeau le plus modeste, ne saurait faire un pas hors de son logis sans être assailli par une foule de badauds empressés de le reconnaître, de lui barrer le passage, comme pour lui demander s'il a encore à leur service une poignée de main?

Donc Paris n'est pas au roi. Il n'est pas non plus à l'habitant occupé de la cité qui, durant une grande partie de la semaine, reste enfermé dans l'étroit espace où le retiennent ses affaires, et n'attrape qu'à la course, dans l'intervalle d'un travail à un rendez-vous, quelque aperçu de ce tableau si vivant, si varié. Il n'est pas au sergent de ville lui-même qui a son rapport à faire, son poste assigné, sa mission spéciale, son cercle tracé, dont l'habit, d'ailleurs, effarouche de loin et met en déroute les acteurs des scènes les plus naïves. Paris serait à l'étranger, dont le passeport n'est pas sans quelques priviléges, et qui hante librement des lieux fort honnêtes où un visage connu n'oserait se présenter; si l'étranger savait toujours son chemin, si la crainte continuelle d'être trompé, d'être signalé par son seul accent à la mauvaise foi des marchands et des guides ne mettait pas de la timidité dans ses recherches, de la gêne dans son allure. Le gamin de Paris est bien près d'en être le maître, même le cas d'insurrection à part; tant on le voit se multiplier, se reproduire, toujours le premier là où il y a quelque chose à voir, surtout quelque mal à faire, pénétrant partout, se glissant entre vos jambes, parfois même dans vos poches, le paresseux le plus actif, le fainéant le plus affairé qui soit au monde. Malheureusement il est en hostilité permanente avec les factionnaires. Le seul, le véritable souverain de Paris, je vous le nommerai : c'est le flâneur.

Mais toutes les fois qu'il y a supériorité légale, droit acquis et reconnu, prééminence notoire, il se forme des ambitions qui veulent en prendre leur part, au moyen de quelque titre frauduleux. L'usurpation, sous le nom de progrès, est à la piste de toutes les légitimités comme la contrefaçon, sous celui de perfectionnement, vient sans cesse harceler les brevets d'invention. La dignité sociale du flâneur n'a pas été plus à l'abri des envahissemens que l'hérédité royale, ou le privilége pour la vente du racahout (1). Cha-

(1) Le racahout est une substance importée d'Orient, qui pro-

cun veut, aujourd'hui surtout, se donner les airs de cette haute position. Il n'est pas de grimaud, haletant et crotté de la course qu'il vient de faire pour obtenir une sous-préfecture; d'avocat sans causes, d'homme d'état sans appointemens, de gagiste reformé, qui ne s'attribue effrontément les jouissances du loisir et la noble *disinvolture* du *far-niente*. D'autres ont bien les conditions de l'emploi, mais il leur en manque la science, ce qui ne les empêche pas de se produire comme s'ils étaient complétement pourvus. Ils croient que tout consiste à promener sur les boulevards une existence inutile, à demander nonchalamment ce qui se passe, à parcourir les journaux dans un café, à dire leur mot de politique, voire même à fumer quelques cigares qu'un contrebandier, parti du quai d'Orsay, leur apporte directement de la Havane. Ils s'imaginent avoir flâné aujourd'hui parce qu'ils se seront levés fort tard le matin, parce qu'ils auront bâillé en attendant l'appétit, déjeuné au café, lu dans cinq ou six feuilles différentes, le compte rendu de la dernière séance, fait fondre

duit, dit-on, chez les femmes le même effet que les fonctions ministérielles chez les hommes, il les engraisse à vue d'œil.

lentement le sucre d'un verre d'eau, écouté les on dit de la Bourse, vu partir les chevaux allant au bois de Boulogne, lorgné quelques femmes au passage, échangé dans leurs rencontres des paroles insignifiantes, étudié profondément l'affiche des théâtres; parce qu'ensuite ils se seront cotisés, trois ou quatre de même force, pour fournir à la conversation du dîner et apporter chacun leur contingent de fadaises; qu'enfin ils auront associé leur ennui à celui d'un autre pour supporter ensemble la durée d'un spectacle. Si, avec cela, il leur a plu d'assister aux débats de la Chambre, bien sûrs d'avoir perdu leur temps, ils se vanteront, vous dis-je, d'être flâneurs; les malheureux! Il me semble entendre des gens qui prétendraient gouverner l'état, sous prétexte qu'ils ont un portefeuille rouge, qu'ils habitent un hôtel sans payer leur loyer, et qu'ils parlent a la tribune quand il leur plaît.

Je vous ai dépeint le bourgeois de Paris. Je veux vous montrer le flâneur, et je me reposerai.

D'abord, il faut que nous le prenions chez lui, quoiqu'on le trouve facilement ailleurs, pour que vous n'alliez pas supposer, comme j'ai vu

..nt de gens le croire, qu'il soit sans domicile. Ce serait en effet vous tromper étrangement; le vagabond ne flâne pas, il erre. Celui qui vit tout le temps hors de son logis pour trouver dans les lieux publics, dans le mouvement de la promenade, dans les innombrables distractions de la rue, dans ces mille asiles toujours ouverts, soit par la munificence du budget, soit par la spéculation de l'industrie, les ressources, les agrémens, les nécessités qui lui manquent; celui-là n'est pas notre homme. Ce peut être un citoyen fort honorable; je suis même tout disposé à le juger ainsi. Mais il cherche de l'occupation, du feu, une cuisine, un siége, une lampe, de l'air, de l'exercice, voilà tout. Le flâneur, au contraire, est bien logé, dans un beau quartier, à la proximité des boulevards. Il habite une rue toute voisine de celles où la circulation fait bruire son fracas, de manière à l'entendre sans en être étourdi. Il a choisi une maison, non pas telle qu'on les fait aujourd'hui, pour que trente on quarante ménages s'y entassent les uns sur les autres avec enfans, valets et bêtes; mais ce qu'on nomme, en style de portier, une maison tranquille, où son existence n'est pas confondue parmi celles d'une nichée immense, où l'on s'inquiète de lui, ou l'on s'aperçoit de ses mouvemens, où enfin ce n'est pas chose indifférente et incertaine qu'il soit sorti ou couché, qu'il se porte bien ou qu'il ait la migraine.

Dans son logis, il a réuni tout ce qui compose le confortable. Car le meilleur moyen de goûter avec calme les plaisirs du dehors, c'est de ne jamais être poursuivi par la crainte de rentrer ; et ce n'est pas sortir de chez soi que d'en être chassé par le froid, par la faim, par le manque d'espace, par un sentiment quelconque de privation et de souffrance. Il a donc tout ce qu'il lui faut pour réjouir sa vue, pour tenir son corps à l'aise, pour occuper son esprit; des gravures, des livres, un canapé, un fauteuil à dossier renversé, une chauffeuse, une chancelière, son déjeûner et son journal. Je dis son journal, et ceci n'est pas chose à oublier. Car il n'appartient qu'à l'homme tout à fait insouciant du bien-être de s'aventurer dans la rue, par un temps comme le nôtre, sans savoir auparavant en quel état est l'esprit public, à quelle distance on est de l'émeute, quelle physionomie il convient de prendre, quel maintien il faut adopter pour passer tranquillement son chemin à travers les opinions; quel quartier encore il est bon d'éviter, et de quelles rencontres on doit se tenir à l'écart pour ne pas être enveloppé dans une mauvaise affaire. Un flâneur, conduit à la préfecture de police, perdrait aussitôt son caractère; il serait déchu de plein droit. Vous comprenez déjà qu'il reçoit un journal d'opposition; parce que là se trouvent les alarmes prévoyantes, les rendez-vous donnés, les occasions indiquées, pour le choc des partis et la démonstration de leur joie ou de leur douleur. Tandis que les journaux du gouvernement vivent dans un état de quiétude continuelle, attendant toujours la fin du trouble, qu'ils n'ont pas annoncé, pour vous dire gravement que l'ordre est rétabli sur tous les points. Il est vrai qu'ils tiennent leurs lecteurs au courant des réceptions, des entrées, des revues et des inaugurations. Mais tout cela n'est pas à l'usage du flâneur, c'est l'affaire du badaud; et ne confondons jamais, je vous prie, ces deux espèces.

De même qu'il a un journal, par un motif analogue de précaution, il a un thermomètre pendu contre le mur extérieur de sa croisée, et un baromètre dans son antichambre. Le premier pour régler, suivant la température, l'épaisseur de ses vêtemens; le second pour décider l'importante question de la canne ou du parapluie; question d'amour-propre, je vous assure, encore plus que d'hygiène et d'économie. Car se pourvoir à contre-temps de l'abri portatif, ou bien être surpris sans défense par une averse, c'est plus qu'un embarras, un accident, c'est une faute.

Maintenant qu'il a étudié l'atmosphère politique du jour, la disposition du ciel et la direction du vent, le voilà prêt à sortir. C'est l'action importante de sa vie. Aussi rien au monde ne saurait-il l'empêcher ou la retarder. Malheur à l'importun qui viendrait en ce moment lui apporter quelqu'une de ces propositions dont sont assiégés tous les gens ayant feu et lieu, payant leur contribution mobilière et inscrits au livre des vingt-cinq mille adresses; telles que souscriptions patriotiques, bals de charité, billets de loterie, papeterie au rabais, étoffes anglaises, cire luisante, et pétitions collectives. Il serait assuré d'un fort mauvais accueil. L'homme occupé n'est pas si avare de ses instans; il les a déjà tous aliénés au profit des affaires. S'il arrive tard à un rendez-vous, c'est tant-pis pour ceux qui l'attendent; ce qu'il gagnerait en exactitude ne serait pas employé au loisir. Mais prendre au flâneur quelques minutes du temps qu'il a destiné à sa promenade, c'est le voler cruellement; c'est tailler dans le vif de son existence. Je ne sais vraiment qui pourrait le retenir chez lui lorsqu'il a son chapeau sur la tête et ses gants aux mains. Une femme peut-être, ou bien un gendarme.

Si aucun de ces obstacles ne s'est rencontré, le voilà dans la rue, propre, bien mis, mais sans aucune singularité de toilette, de manière à entrer partout et à n'être remarqué nulle part. Il n'est pas, il ne peut pas être de la première jeunesse; et voici pourquoi. Je suppose que, vous et moi, nous avons laissé loin derrière nous l'âge des passions ardentes. Mais nous nous rappelons fort bien ce que nous étions alors, ce que causait d'émotion dans notre cœur, de trouble dans notre sang et de brusque interruption dans notre marche, le passage rapide, à travers la foule, d'une taille souple et fine, d'un gracieux visage, d'un pied mignon et bien chaussé; que de pas nous faisions pour revoir tout cela, long-temps, encore, jusqu'à ce qu'une autre apparition vînt nous déranger de notre inutile poursuite; c'était un métier bien fatigant! Mais il serait tout à fait inconciliable avec les habitudes calmes et posées de la profession qui nous occupe. La jeunesse court; flâner demande un âge mûr et des sens rassis. Encore une distinction qu'il faut retenir.

Maintenant que Paris s'ouvre tout entier à la tournée du flâneur, voyons comment il va le prendre. D'abord, ce qu'il sait le moins, c'est s'il doit suivre le trottoir à droite ou à gauche de sa maison. Et il faut bien qu'il y ait du charme dans cette incertitude; car il semble se complaire à la faire durer, comme s'il attendait du hasard, du premier objet qui va l'attirer, une direction de bon augure. Mais après cette hésitation, ne vous inquiétez pas de lui. Vous pouvez le suivre; une fois lancé, il ira son chemin.

Je vous ai signalé déja les boulevards comme

le centre vers lequel se réunissait tout ce que Paris a de loisir accidentel ou coutumier. Vous pensez bien que le flâneur n'y manque pas. S'il vous paraît s'en éloigner, il y reviendra. Mais n'allez pas croire qu'il ne sache faire autre chose que mesurer l'intervalle entre la rue de la Chaussée-d'Antin et le faubourg Montmartre, au milieu des oisifs, des inutiles, des ennuyés, des parasites et des coulissiers, qu'il se montre tous les jours à la même place et qu'il donne en quelque sorte son adresse en un certain lieu. Rien n'est au contraire plus antipathique avec l'art qu'il professe. L'indépendance, la liberté de mouvemens, en forment les principales conditions ; et celui qui a quelque pratique n'ignore pas la servitude que l'on contracte, les fâcheux dont on devient le point de mire, lorsqu'on se laisse voir trop souvent dans un espace convenu. Il veut qu'on le rencontre toujours, mais qu'on ne le trouve jamais.

Donc le flâneur sait varier ses promenades sans dessein, sans préméditation, ce qui serait encore un travail, mais par le seul instinct de l'homme qui marche à l'aventure. Et c'est ainsi que tout naturellement, n'y mettant nul effort, ne s'en faisant pas une étude, s'arrêtant nonchalamment à tout ce qui le frappe, s'expliquant par mille analogies tout ce qui l'étonne, il est parvenu à connaître Paris mieux qu'un préfet de police après son temps d'apprentissage, la veille du jour où on le destitue.

Aussi serait-il bon de s'adresser à lui pour obtenir des renseignemens, si l'habitude venait à s'établir d'interroger ceux qui savent, et s'il était d'ailleurs disposé à communiquer sa science. Cela dispenserait de créer bien des commissions. Car nul mieux que lui ne connaît ses douze arrondissemens. Nul ne saurait mieux dire les obstacles qu'éprouve sans cesse la circulation, malgré le volumineux amas de nos lois municipales; comment nos trottoirs, si mesquins et si étroits, cette dérisoire création de l'édilité moderne, au lieu de servir au moins à la marche plus sûre et plus rapide des piétons, sont envahis le matin par des marchands ambulans qui viennent y ranger leurs paniers, le soir par la communauté des portiers qui s'y étalent sur leurs chaises, sans compter les ballots, les futailles, les déménagemens auxquels ils servent d'entrepôt, les épiciers qui en font leur laboratoire, et les mendians qui s'y couchent tout du long, demandant piteusement l'aumône à tous ceux qu'ils ont fait trébucher. Il a gémi bien des fois aussi en voyant que l'on ne pouvait faire entrer dans la tête du Parisien cette règle importante de toutes les nations civilisées, qui veut que chaque passant, tenant la muraille à sa droite, en fasse écarter celui qui vient à sa rencontre, et cela, sans rixe, sans difficulté, même sans courtoisie, par le seul effet d'une convention générale, non écrite pour qu'on l'observe mieux, et formant la grande charte des rues. Il vous dirait encore avec quel mépris de la propriété commune les marchands usurpent le passage public, donnant chaque jour à leur étalage de nouveaux accroissemens, projetant, à plusieurs pieds de leur devanture, des lanternes, des quinquets, des écussons, des enseignes, de larges auvens, de monstrueux emblêmes, des masses menaçantes, d'énormes saillies, dont le moindre inconvénient est de jeter votre chapeau par terre et de déchirer votre habit neuf. Il fournirait un bien long supplément à la satire de Nicolas Boileau, s'il avait du temps de reste pour aligner en vers ce qui ne mérite pas d'être dit en prose.

Vous pensez bien qu'après un long exercice de la vie extérieure, il n'est pas sans avoir acquis une connaissance assez profonde de ce qu'on appelle les mœurs, texte vaste, infini, que nous avons réduit à son application la plus étroite. S'il était colporteur de scandale, il en aurait beaucoup à vous raconter. Mais il est discret, tolérant, humain. S'il fait quelques observations, c'est pour son propre compte, pour se maintenir à meilleur escient dans la résolution qu'il a prise de rester garçon. S'il se détourne quelquefois de sa route avec une curiosité qu'on pourrait croire incivile, c'est uniquement pour s'assurer qu'il ne s'est pas trompé, pour se convaincre, par une nouvelle épreuve, que les choses vont toujours comme il les a vues aller avant la révolution, avant la restauration, aussi loin que ses souvenirs peuvent remonter. Jamais il ne lui viendra l'idée d'en profiter pour rendre quelque mauvais office. Jamais il ne verra qui ne veut pas être vu. Jamais il ne forcera une frêle et timide personne, qui jette derrière elle des regards inquiets, à dépasser le seuil qu'elle voulait franchir. Que, par hasard, au détour d'une rue, s'arrête devant lui une de ces voitures nouvellement garnies d'un store protecteur, où le mystère est séparé du monde par la seule épaisseur du calicot rouge, et dont la solitude roulante se promène tranquillement au milieu du bruit; il ne fera aucunement semblant de remarquer que la citadine part encore chargée, quand le cocher a reçu, d'un jeune homme qui descend, son salaire de trois heures. A deux pas de lui, le store peut sans danger se replier sur son pivot.

Il est tout simple qu'il emploie à son propre intérêt ce qu'il a gagné d'expérience. Aussi se flatte-t-il d'être à l'abri de ces fourberies sans nombre qui poursuivent le promeneur novice; ce n'est pas lui que vous verrez s'arrêter pour écouter les offres séduisantes des marchands vagabonds qui encombrent la place de la Bourse, ou bien intervenir dans le marché de deux fripons qui cherchent une dupe pour terminer leur différend. Il regarde même comme une insulte grave que ces honnêtes industriels s'adressent à lui. Il dit que, dans ce métier, comme dans celui de la police qui n'en est pas trop éloigné, on doit surtout savoir distinguer les gens. Je l'ai vu bien triste toute une journée, parce que les compères d'une de ces boutiques borgnes, embusquées dans le voisinage des diligences, et où l'on débite dans l'ombre des marchandises de rebut, étaient venus devant lui s'extasier sur leur prétendue acquisition. On avait profité de ce qu'il lisait en ce moment l'affiche du Théâtre-Français, pour le traiter comme un provincial.

L'habitude de vivre à l'air l'a préservé encore de ce niais étonnement que témoigne le Parisien sédentaire, le reclus du cabinet et de l'arrière-boutique, pour tout ce qui ne ressemble pas exactement de figure, de costume, de démarche, d'habitudes, à ses voisins et à ses chalands. Vous ne le verrez pas seulement tourner la tête lorsque passe auprès de lui l'étranger au bonnet fourré, à la barbe grise, à la robe de soie semée de palmettes d'or, devant qui l'on s'arrête toujours pour répéter cette exclamation, jeune encore de naïveté après un siècle de ridicule : Comment peut-on être Persan ? Dès le premier jour, il était devenu familier avec la grotesque élégance des

aise les rues du faubourg Saint-Germain, si larges, si majestueuses et si calmes, mais pour le repos desquelles il avait de temps en temps quelque effroi; tantôt traversant les quartiers boueux et bruyans qui séparent la noble plaine de la montagne savante, pour voir s'agiter la jeunesse autour de ses écoles, surprendre en chemin quelques nouveaux pairs entrant au Luxembourg, et demander au Panthéon s'il lui était enfin arrivé des grands hommes; quelquefois descendant par des sentiers malpropres la côte de Saint-Victor, pour aller examiner l'état de la ménagerie, et admirer, au milieu des révolutions, l'immobilité des animaux empaillés. Un autre jour, c'était vers les Champs-Élysées qu'il dirigeait sa marche, et il revenait me dire que rien n'était changé à ce beau désert, que l'arc de l'Étoile n'avait pas gagné une pierre, la ville de François Ier pas un habitant, le jardin Beaujon pas un acquéreur pour ses lots de terrain. Puis il visitait le faubourg Saint-Honoré, séjour encore imparfait d'une aristocratie plus leste, plus moderne, mieux apprivoisée, tendant une main d'alliance à la Chaussée-d'Antin. Sur les confins de ces deux territoires, il saluait avec respect un monument funéraire épargné dans les réactions, peut-être oublié, et qu'on aurait bien pu abattre aussi l'autre jour, sauf à mettre, dans la phrase législative sur le 21 janvier, une épithète de plus, pendant que le dictionnaire de l'Académie était au service du Bulletin des lois.

Ensuite, il allait s'assurer que la cité de Londres n'avançait pas, que la nouvelle Athènes était devenue un séjour trop coûteux pour les artistes remis à pied, que la rue de Charles X n'avait pas gagné une toise de moellons à prendre le nom de M. de Lafayette, que le canal Saint-Martin, tracé sur un vaste plan et dans l'espoir d'une grande prospérité, se garnissait lentement d'habitations; et pourtant il rentrait satisfait, lorsqu'il avait entendu le bruit du marteau, du tour, de la scie et de la lime travaillant sans relâche dans les ateliers du faubourg Saint-Antoine.

Vous savez tout ce qu'il avait à regarder sur les boulevards ; le cours de la Seine ne lui offrait pas un sujet moins récréatif de spectacle et d'observation. Non pas qu'il s'arrêtât, comme beaucoup de gens qui ont une affaire pressée, à contempler les bateaux, les trains de bois, les chevaux qu'on abreuve, les chiens qu'on exerce à nager, les objets flottans sur l'eau, la fumée des bateaux à vapeur et l'attitude patiente du pêcheur à la ligne. Mais il aimait à voir se dérouler ces deux avenues de quais dont la rivière est bordée, et où la scène change à chaque pas. Il affectionnait surtout la rive gauche, pourvu que le vent ne soufflât pas trop fort; car il a toujours eu grand soin de sa santé. L'autre côté lui plaisait moins. D'abord le palais des rois y tient une place énorme. Puis arrivent, presque sans transition, les détails grossiers des petits besoins et des petits profits; le commerce des vieux outils et des guenilles, les réfectoires en plein vent préparés pour les ouvriers, la place du Châtelet où se font les exécutions du mobilier, pour crime de misère; la place de Grève qui n'a plus d'échafaud, mais qui n'en est pas mieux avoisinée; partout des maisons noires, étroites, et des rues d'où se précipite un ruisseau fangeux. Il traversait donc volontiers le pont d'Austerlitz; et, prenant de là sa route, il considérait le riant entrepôt des vins; le triste hôtel Bazancourt, nouvelle prison qui sert de complément à une de nos libertés; le quai des Augustins entièrement peuplé d'honnêtes libraires qui confectionnent hardiment des livres nouveaux, en face même des parapets, où la littérature de trois siècles étale au rabais ses produits oubliés; l'hôtel où l'on bat monnaie à toutes les effigies ; le palais de l'Institut qui gêne les passans et ne les arrête pas ; enfin le quai Malaquais-Voltaire, qu'il connaît si bien, où il a passé de si bonnes heures, musée toujours ouvert, dont la liste civile n'a pas à faire les frais, où l'on trouve des tableaux, des armures, des meubles gothiques, des porcelaines, des gravures, et où l'on est sûr de voir sa figure exposée pour peu que l'on ait de célébrité, que l'on soit homme d'état ou comédien.

Quant à lui, il n'y a jamais vu son portrait, grâce à Dieu! car le flâneur ne pose point; et pour ce qui est de la renommée, il la fuit comme d'autres la cherchent. Vous jugez en effet quel fardeau ce serait pour lui qu'un visage qui se fait nommer des passans, quel insupportable compagnon de sa vie lui serait une réputation quelconque, fût-ce celle d'homme d'esprit; quel tourment il éprouverait à se voir désigner par un de ces gestes, que provoque chez les curieux la rencontre d'une notabilité. Je l'ai vu un jour regretter de n'avoir pas un ruban rouge à sa boutonnière; il prétendait que cela le faisait remarquer.

Le flâneur aurait peu de nouvelles à vous donner des assemblées, des salons, des spectacles. Ce n'est pas qu'il soit sauvage, ignorant des usages du monde, insensible aux jouissances de l'art, mais tout simplement parce qu'il craint le renfermé. S'il est convié par hasard à une réunion littéraire, il enchérit sur Lafontaine, il prend tellement le plus long qu'il n'y arrive pas. Tout ce qu'il demande aux habitations des hommes, c'est le coin du feu d'un ménage ami, où il est reçu sans façon et sans ombrage, à son heure, quand il est bien las de marcher, pour fournir sa part et apporter son butin du jour dans une conversation mêlée de tous propos, ce qui est encore une manière de flâner assis. Quant aux théâtres, c'est un plaisir qui demande trop de préparation, de patience et de gêne. Ajoutez que l'on exige aujourd'hui, à toute force, de l'enthousiasme; ce qui est tout à fait contraire à son tempérament. On lui avait demandé six mois de persévérance et d'assiduité pour le faire dilettante; il a mieux aimé rester flâneur, et il soutient avec chaleur la prééminence de cette position sur celle qu'on voulait lui donner. Ce qu'il lui faudrait, quand il pleut trop fort, ce serait le droit d'entrer librement dans une salle, où il ne serait pas obligé de s'ennuyer pour son argent. Mais le mal est que les entrées coûtent fort cher, plus cher encore lorsqu'on ne les paie pas.

On a dit de lui qu'il avait grand' peur de l'émeute, qu'il détestait les révolutions, les mouvemens populaires, qu'il fut pris de la fièvre en juillet, et qu'il eut au mois de juin une atteinte légère du choléra. Il est bien vrai qu'il aime assez que les choses restent où elles sont, qu'on ne vienne pas lui envahir et lui déranger son pavé, qu'il ne s'est jamais trouvé assez mal pour ne pas craindre d'être plus mal encore quand les entrepreneurs de sa délivrance auraient réussi, qu'il n'aime pas à se promener sur un sol ébranlé.

Il est certain encore, qu'advenant une insurrection, il fait comme ceux qui veulent en recueillir le profit, il ne se mêle pas dans la lutte. Mais ce n'est pas à dire qu'il se tienne caché, qu'il perde, du spectacle curieux que présente une telle secousse, ce qu'on peut en prendre sans péril. Il sait jusqu'où il est permis de s'avancer sans risque de sa personne; et quand, après le succès, la réserve des vainqueurs s'élance derrière lui, il s'écarte pour lui faire place.

Je ne prétends pas néanmoins vous le donner comme un modèle de patriotisme. Il lui en manque au contraire la principale condition. Il n'a jamais pu acquérir la foi du bonnet à poil, le dévouement du havresac et le fanatisme du fourniment. Toutes les raisons se sont trouvées faibles pour le réconcilier avec le corps-de-garde et lui faire aimer la patrouille. Des nombreuses servitudes auxquelles nous avons échappé, il déteste surtout celle-là que nous avons conquise. En théorie, il regarde comme un immense pas rétrograde dans les voies de la civilisation, que de retourner au temps où la cité, à peine formée, veillait tout entière, et à tour de rôle, pour sa sûreté; il est muni d'une foule de documens historiques pour vous montrer, aux époques les plus déplorables de nos annales, cette même institution, sur laquelle nous comptons si fort, et que nous croyons avoir inventée, en pleine activité de troubles, de séditions et de violences. Tout cela, bien entendu, n'est amené qu'afin de justifier habilement sa répugnance pour la pratique. Vous savez qu'on procède toujours ainsi. Son véritable sentiment, c'est celui de l'atteinte grave qui en résulte pour son bien-être, pour sa vie agréable et douce, pour ses habitudes commodes et polies, pour sa dignité personnelle, pour l'indépendance absolue qu'il croyait avoir acquise en se débarrassant d'ambition, pour son sommeil encore, si vous voulez. C'était là, en effet, sa portion dans les biens de ce monde; il appelait tout cela sa liberté. Aussi a-t-il long-temps résisté, long-temps chicané; et maintenant que, par crainte de la prison, il s'est décidé à porter gauchement un fusil devant une guérite, avec une cocarde placée sur son chapeau rond, vous le prendriez plutôt pour un enfant en pénitence que pour un citoyen libre, rétabli, par une révolution, dans le droit de porter les armes aux sergens de ville et de ramasser les ivrognes.

Tel est le collaborateur que je me suis associé. Car on me ferait trop d'honneur si l'on croyait que ces deux arts, qui demandent chacun toute une vie, celui d'employer le temps à ne rien faire et celui de le perdre en travaillant, aient pu se rencontrer dans un seul homme. Nous nous étions ainsi partagé la besogne. Il flânait, et j'écrivais.

FIN.

www.ingramcontent.com/pod-product-compliance
Lightning Source LLC
LaVergne TN
LVHW020617110826
845149LV00002B/498